図説

知られざる宮中行事と
伝統文化が一目でわかる

天皇家のしきたり案内

「皇室の20世紀」編集部 編

小学館

図説 天皇家のしきたり案内　目次

I 宮中行事のしきたり

II 皇室の人生儀礼としきたり

III 皇室に伝わる文化としきたり

IV 皇室をとりまく伝統としきたり

本書は、小学館DVD付きマガジン『皇室の20世紀』全40巻から主に
「皇室の文化と伝統ものがたり」を加筆・改筆の上、再構成して改題したものです。

凡例

本書では、皇室への敬称・敬語については、各報道機関の現在の基準を参考に、
原則的には以下のように表記いたしました。

一 敬称に関しては、天皇は「陛下」、他の皇族は「さま」をつける。
天皇皇后お二方の場合は「両陛下」とする。

二 ご結婚により、皇族の身分を離れられた内親王は「さん」をつける。

三 敬語が過剰にならないよう、一つの文中に敬語を一カ所とし、
親しみやすく常識的な表現を用いる。

四 法制上の地位や一般名詞、歴代天皇には敬称をつけない。

五 天皇の詔書、勅語、令旨など及び御製に限っては、原則として、原文のままとする。
仮名づかいは歴史的仮名づかいのままだが、漢字は適宜、新字体に改める。
また、必要に応じて漢字には振り仮名をつける。
それ以外は、漢字は新字体に、仮名づかいは現代仮名づかいに改める。

I

宮中行事のしきたり

天皇家のしきたり 1

正月行事と御膳《ごぜん》

晴の御膳

天皇陛下が元旦に宮殿で最初に臨まれる行事、「晴の御膳」。燕尾服に勲章着用の正装で、丹《に》塗りの盤の前に着席し、箸台から箸を取り、立てる所作をされる。円筒形に盛り付けた白飯を中心に、高盛（高さ3寸2分、約10cm）にした塩引魚、平盛（高さ1寸8分、約5cm）にした塩茹で才巻海老などの料理がしつらえられるが、実際には召しあがらない。

御《お》口祝《くちいわい》の御膳

1月1日、御所でのご朝食に先立つお祝い事。女官長が柳箸で昆布の上にのし鮑《あわび》と勝栗《かちぐり》をのせて両陛下に差し上げる。

国と人々の安泰を祈る儀式から始まる皇室のお正月

お正月は国民にとっては大きな休日であるが、宮中に正月休みはない。

天皇陛下は、元日の朝5時30分から新年最初の祭事である四方拝《しほうはい》を執り行われる。四方拝は、天皇の年頭行事として平安時代前期に始まったもので、代拝は許されず、お出来にならない場合は中止になるのだという。四方拝は通常、宮中三殿《きゅうちゅうさんでん》の西にある神嘉殿《しんかでん》の南庭で行われる。天皇陛下は御所で潔斎《けっさい》した後、真冬の底冷えの中、モーニングコートで、約400m離れた宮中三殿へ向かわれる。黄櫨染御袍《こうろぜんのごほう》に着替え、かがり火の焚かれた庭で、地面に畳を敷き屏風《びょうぶ》を立て回した屋根だけの場所で、新年の五穀豊穣と国家の安寧、国民の幸せを祈られる。

続いて、宮中三殿で行われる歳旦祭《さいたんさい》には、

新年祝賀の儀

元日午前10時から両陛下は宮殿「松の間」で皇族方から新年の祝賀をお受けになる。午前11時からは、内閣総理大臣をはじめ国務大臣、衆参両院の議長、最高裁長官、同判事など、立法・司法・行政の要人から祝賀を受けられる。この時は、両陛下だけでなく、成年皇族方も参列される。この間、「梅の間」から「松の間」、次は「竹の間」、再び「松の間」と約10分ごとに移動されるお忙しさである。元皇族やご親族、宮内庁職員などからも、それぞれ部屋を変えてお祝いの挨拶を受けられ、午前中の祝賀行事は2時間に及ぶ。午後2時30分からは「松の間」で日本に駐在する各国大使とその配偶者から、新年の祝賀を受けられる（写真上）。

皇太子さまも拝礼される。天皇陛下のご拝礼の時刻に合わせ、皇后さまも御所の戸外で遥拝《ようはい》されている。

　祭事の後、御所に戻られた天皇陛下は、午前9時30分から行われる宮殿での新年最初の儀式、「晴《はれ》の御膳」に臨むため、再び御所を後にされる。続いて午前10時からは、天皇皇后両陛下が新年の挨拶を受けられる「新年祝賀の儀」が始まる。両陛下はそれぞれ燕尾服《えんびふく》とローブ・デコルテをお召しになり、最高位の勲章をつけられる。脇に控える侍従《じじゅう》長や宮内庁長官、女官《にょかん》も正装で列席する。

　1月2日、天皇皇后両陛下をはじめ、皇族方が宮殿・長和殿《ちょうわでん》のベランダにお出ましになる一般参賀は、お正月を象徴する光景のひとつとなったが、その発祥は昭和23年（1948）にあるという。この年1月1日、戦後初めて皇居が国民に開放され、参賀の記帳が行われることになった。昭和

新年一般参賀

平成23年(2011)1月2日、午前の新年一般参賀。天皇陛下から左に、皇太子さま、皇太子妃雅子さま、常陸宮《ひたちのみや》さま、常陸宮妃華子さま、寬仁《ともひと》親王家彬子《あきこ》さま、高円宮《たかまどのみや》家承子《つぐこ》さま、高円宮家絢子《あやこ》さま、皇后さまから右に秋篠宮《あきしののみや》さま、秋篠宮妃紀子さま、三笠宮さま、三笠宮妃百合子さま、高円宮妃久子さま、高円宮家典子さま。

天皇皇后両陛下お正月のスケジュール

(平成23年1月1日~1月14日　お正月に関するご日程を掲載)

1月1日

天皇陛下	四方拝（神嘉殿）
天皇陛下	歳旦祭の儀（宮中三殿）
天皇皇后両陛下	新年祝賀及びお祝酒（侍従長はじめ侍従職職員）（御所）
天皇陛下	晴の御膳（宮殿）
天皇皇后両陛下	新年祝賀（長官はじめ課長相当以上の者、参与及び御用掛）（宮殿）
天皇皇后両陛下	新年祝賀の儀（皇太子同妃両殿下をはじめ皇族各殿下）（宮殿）
天皇皇后両陛下	新年祝賀（元皇族、ご親族）（宮殿）
天皇皇后両陛下	新年祝賀（未成年皇族）（宮殿）
天皇皇后両陛下	新年祝賀の儀（内閣総理大臣等）（宮殿）
天皇皇后両陛下	新年祝賀の儀（衆議院議長及び参議院議長等）（宮殿）
天皇皇后両陛下	新年祝賀の儀（最高裁判所長官等）（宮殿）
天皇皇后両陛下	新年祝賀の儀（認証官等）（宮殿）
天皇皇后両陛下	新年祝賀（堂上会総代）（宮殿）
天皇皇后両陛下	ご昼餐（皇太子殿下をはじめ皇族各殿下）（宮殿）
天皇皇后両陛下	新年祝賀（宮内庁職員及び皇宮警察本部職員）（宮殿）

天皇に仕えた侍従長、入江相政がまとめた『宮中歳時記』によれば、おびただしい人々の列が二重橋を渡って皇居に入り、坂下門へ抜けていくことを侍従が昭和天皇に伝えたところ、その様子を見てみたいということになり、侍医寮の屋上に上がっていただいた。お互いに小さくしか見えないけれど、気づいた何人かが手を振ると、昭和天皇も手を振ってお応えになる。そんなことが毎年続くうち、香淳《こうじゅん》皇后も加わられ、両陛下でのお出ましが恒例になり、回数も増えていったという。昭和28年（1953）からは、1月1日が祝賀の儀、2日が一般参賀と正式に定められた。

1月3日には両陛下と皇太子同妃両殿下が元始祭《げんしさい》に臨まれ、成年皇族方が参列される。皇室のお正月は、国民とともにあり、その繁栄と幸福を願い続ける天皇陛下の日々の縮図というべき数日間なのである。

歌会始《うたかいはじめ》の儀

宮中の正月行事を締めくくる歌会始の儀（P.16参照）は、毎年1月15日前後に行われる。天皇陛下はじめ男性皇族はモーニング、女性皇族はローブ・モンタント（襟のつまった長袖のロングドレス）で臨まれる。

講書始《こうしょはじめ》の儀

毎年1月10日前後に宮殿「松の間」で講書始の儀が行われる。天皇皇后両陛下が人文、社会、自然科学の各分野から第一人者の学者を招き、3人から20分ずつご進講を受けられる。明治天皇が学問奨励のために始められた。皇族方が列席され、日本学士院会員などが陪聴する。

天皇皇后両陛下　新年祝賀（旧奉仕者会会員）（宮殿）
天皇皇后両陛下　新年祝賀（元長官、元参与、元側近奉仕者、元御用掛、松栄会会員等）（宮殿）
天皇皇后両陛下　新年祝賀の儀（各国の外交使節団の長等）（宮殿）

1月2日
天皇皇后両陛下　新年一般参賀（3回）（宮殿）
天皇皇后両陛下　ご昼餐（皇太子同妃両殿下、秋篠宮同妃両殿下）（宮殿）
天皇皇后両陛下　新年一般参賀（2回）（宮殿）

1月3日
天皇皇后両陛下　元始祭の儀（宮中三殿）

1月4日
天皇陛下　奏《そう》事《じ》始《はじめ》の儀（宮殿）

1月9日
天皇皇后両陛下　ご観覧（1月場所大相撲）（国技館／墨田区）

1月12日
天皇皇后両陛下　講書始の儀（宮殿）
天皇皇后両陛下　拝謁（講書始の儀関係者／進講者、進講者控）（宮殿）

1月14日
天皇皇后両陛下　歌会始の儀（宮殿）
天皇皇后両陛下　拝謁（歌会始の儀関係者／召人《めしうど》、選者、披講諸役及び預選者）（宮殿）

なるほど！用語解説【正月行事】

四方拝	天皇が伊勢神宮、山陵（歴代天皇皇后の墓）及び四方の神々に遥拝し、五穀豊穣、国家繁栄、国民の幸福などを祈る。
宮中三殿	皇居の敷地内にある、天照大神《あまてらすおおみかみ》をまつる賢所《かしこどころ》、歴代天皇・皇族の霊をまつる皇霊殿《こうれいでん》、国中の神々をまつる神殿《しんでん》の三つの総称。三殿に附属して構内に、神嘉殿《しんかでん》、神楽舎《かぐらしゃ》、綾綺殿《りょうきでん》、奏楽舎《そうがくしゃ》、幄舎《あくしゃ》等の建物がある。P.27参照。
潔斎	入浴して心身を清めること。
黄櫨染御袍	天皇が晴の儀式で着用する丸襟、大袖の装束。黄櫨（ハゼノキ）と蘇芳《すおう》で染めた黄褐色は、平安時代以来、天皇だけが身につけることを許された色で、帝王を象徴する桐、竹、鳳凰《ほうおう》、麒麟《きりん》の文様が織り込まれている。
歳旦祭	年の始めにあたって宮中三殿で行われる祭事。天皇に続いて皇太子が拝礼し、皇祖に感謝し、国民国家の繁栄を祈る。
ローブ・デコルテ	襟ぐりを大きく開けた袖なし、あるいは短い袖のドレス。女性の正式礼服で、日本では明治時代に宮中の礼服として採用された。
元始祭	明治維新後に始められた祭事で、年頭にあたり、皇室と国民国家の繁栄を祈る。

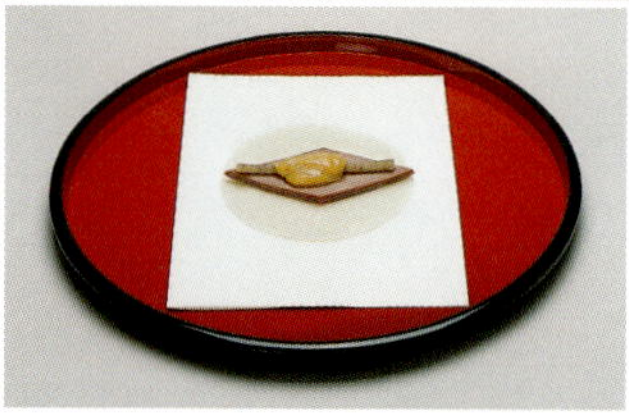

菱葩は白い丸餅に小豆で色を染めた菱形の餅を重ね、甘味噌と砂糖で味をつけたごぼうをのせ、二つ折りにしたもの。上の写真のように白い美濃和紙で包む。

ご朝食「御祝先付の御膳」

平成21年（2009）新年
「御祝先付」献立

本膳（左）　付焼 小串鰤《ぶり》、
浅々大根、菱葩

二の膳（右）　割伊勢海老、
福目煮勝栗、
汁物 潮仕立 蛤、雉子酒

福茶（抹茶、小梅）

天皇皇后両陛下の新年のお食事

新しい年を祝う伝統的な宮中料理

　元日の日中は多忙を極め、昼食の時間もゆっくり取れない天皇皇后両陛下だが、朝晩は伝統的な正月料理を一緒に召しあがる。

　三が日の朝のお食事は、毎日、献立の異なる御膳で、「御《お》祝《いわい》先《さき》付《づけ》」と呼ばれている。菱葩《ひしはなびら》を中心とする本膳に、雉子《きじ》酒、吸物などを配した二の膳がつく。浅々大根は宮中の三が日に欠かせないもので、御料牧場《ごりょうぼくじょう》で栽培する細大根を塩漬けにする。蛤《はまぐり》の潮汁は、左右両側の貝殻に身が入っているように組み合わせて仕立てるという。縁起物の勝栗は甘く煮含めてある。雉子酒は雉子の胸肉を2、3日塩漬けし、元旦に塩を取り除いて焼き、薄切りにして炙《あぶ》ったものを杯に入れ、熱い日本酒を注ぐ。最後には福茶を召しあがる。

ご夕食「御祝御膳」

平成21年(2009)1月1日「御祝御膳」献立

本膳(左):

鱠	真鯛曙造り、鱚《きす》真砂和え、菊花赤貝、紅白水引大根、橘金柑、春蘭、防風、千枚胡瓜、紅蓼《べにたで》、莫大海《ばくだいかい》、花山葵《はなわさび》
本汁	合せ味噌仕立　紅白霰糝薯《しんじょ》、袋牡蠣、春菊、小口芹、口祝粉
煮物	薄葛仕立　高野豆腐年輪巻、山伏茸、菜の花、梅花人参、梅花大根、木の芽
漬物	奈良漬瓜、重ね昆布佃煮、赤蕪
御飯	

二の膳(右):

取肴	甘鯛西京焼、牛肉市松巻、木の葉柚子
精進	橙々釜入り裏白敷　雪卸し和え、芝海老、貝柱、古露柿、独活、胡瓜、寿海苔、蜜柑
二の汁	若水仕立　昆布〆鱈、手鞠麩、結び人参、鶯菜、三つ葉、松葉柚子
焼物	小鯛化粧姿焼、煮梅、花蓮根、はじかみ

羊羹など日替わりの和菓子に、おこし、御口祝の昆布が添えられる。

「御祝御膳」は新年三が日と両陛下のお誕生日の夜に召しあがる御膳。新年の「御祝御膳」は一汁三菜の本膳に二の膳がつく日本の伝統的な慶事の食膳で、毎日少しずつ異なる献立を三が日召しあがる。ご夕食の後には、お祝いの和菓子がつく。その後、元日最後の儀式となる「入夜御《じゅやぎょ》盃《はい》」で、温かいお酒、白味噌仕立のお雑煮などが供される。

天皇家のしきたり 2

新年の春飾りと盆栽

新春の皇居を華やかに彩る盆栽の名品

　年末、仕事納めも終わった12月30日、皇居では、新年を迎えるための春飾りが宮殿、御所などに届けられる。春飾りとは、松、竹、梅、千両《せんりょう》、万両《まんりょう》など縁起物の草木をあしらったお正月用の華やかな寄植《よせうえ》盆栽。その起源は明らかではないが、江戸末期、孝明天皇のころには春飾りがあったといわれ、皇室のお正月のしつらえには欠かせないものになっている。

　皇居には600鉢近くの盆栽があり、宮内庁庭園課の管理のもと、宮殿に国賓を迎えるときなど年間を通して様々な行事のときに飾りつけられている。一般に盆栽というと小ぶりの鉢を想像するが、皇居の盆栽は、明治宮殿*が建設されたときに宮殿内を飾るために取り入れられたことから大型のものが多いのが特徴である。最大のものでは約180cm、中型のものでも約100cmあり、広い空間で荘厳な存在感を醸し出す。100年以上の年代物も多く、なかには樹齢600年以上という名品も。宮内庁職員が常駐する皇居の大道《おおみち》庭園では、年中無休で温度管理や水やり、天候の変化などに細心の注意を払い、丹精込めた手入れが行われている。

＊ 明治21年（1888）に完成し、第２次世界大戦末期に戦災で焼失。昭和43年（1968）、その跡地に現在の宮殿が建設された。

皇室の盆栽を管理する大道庭園

宮内庁庭園課の盆栽担当者２名を中心に、春飾りは４名で作業が行われている。毎年12月25日ごろが作業の最終段階。20鉢程度が準備され、宮殿、御所、東宮御所、各宮家、宮内庁庁舎に飾られる。

新年を彩る縁起物の春飾り

春飾りの作業は毎年12月中旬から10日間ほどかけて行われる。樹齢150年を超える梅(紅梅、白梅)の古木を中心に、松(黒松)、竹(笹)、福寿草《ふくじゅそう》、千両、万両、春蘭《しゅんらん》、藪柑子《やぶこうじ》、竜《りゅう》の髭《ひげ》を寄せ植えして、皇居内から集めた苔を張り、最後に化粧砂を敷く。バランスのよい配置や、梅の花の状態を調整して最も見ごろの３分咲きで新年を迎えるようにするのが盆栽担当職員の腕の見せどころ。

写真はどちらも平成22年(2010)の春飾り。右は、宮殿に入ってすぐの北車寄《きたくるまよせ》に飾られた大型(約２m)の盆栽で鉢は常滑《とこなめ》焼。左は、北溜《きただまり》という部屋の角に置かれた中型(約１m)の盆栽で鉢は伊万里焼。

年代物がそろう皇居の盆栽

600鉢近くある盆栽のうち、約350鉢が主に使用されている。徳川家光遺愛の五葉松(銘「三代将軍」)は樹齢550年。

五葉松「三代将軍」
樹齢550年 樹高75cm

檜
樹齢150年 樹高110cm

錦松
樹齢90年 樹高47cm

かえで
樹齢90年 樹高65cm

天皇家のしきたり 3

歌《うた》会《かい》始《はじめ》と皇室の和歌

皇室と人々が和歌を通じて交流する一大行事

毎年1月に行われる歌会始の儀は、新年恒例の宮中行事の一つ。人々が集まって共通の題で歌を詠み、それを披講《ひこう》する「歌会」は『万葉集』にも記されており、すでに奈良時代には行われていたことがわかる。さらに、鎌倉時代中期には、当時の天皇が年の初めに催した＊歌御会《うたごかい》始に関する記述があり、以降、江戸時代にはほぼ毎年、宮中で歌御会始が行われていたといわれる。

今日のように和歌を通じて皇室と一般の人々が交流する歌会始の礎を築いたのは、明治天皇である。明治7年（1874）に、皇族や側近などだけでなく、国民からも宮中に和歌を差し出す「詠進《えいしん》」が認められ、明治12年（1879）には、一般の詠進歌のうち特に優れたものが「選歌」として歌御会始で披講されるようになった。また、昭和天皇の時代には戦後、詠進を広く求めるために「お題」が平易になり、歌が選ばれた「預選者《よせんしゃ》」は式場に参入できるようにもなった。

日本全国のみならず海外からも寄せられる詠進歌は毎年2万首以上。天皇陛下はそのすべてに目を通されているという。

＊「歌御会始」は、大正15年（1926）に「歌会始」という名称に改められた。

平成21年（2009）の歌会始（お題「生」）で用いられた、天皇陛下の御製《ぎょせい》（右）と皇后さまの御歌《みうた》（左）、共にご自筆の懐紙。

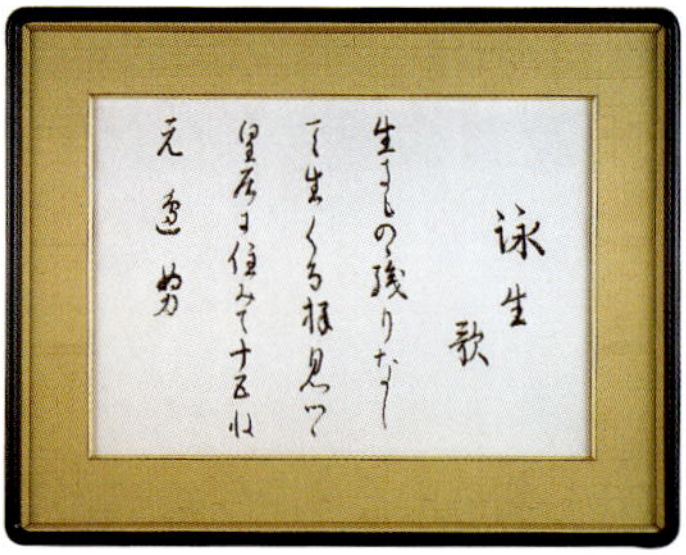

生きものの織りなして
生くる様見つつ
皇居に住みて十五年経ぬ

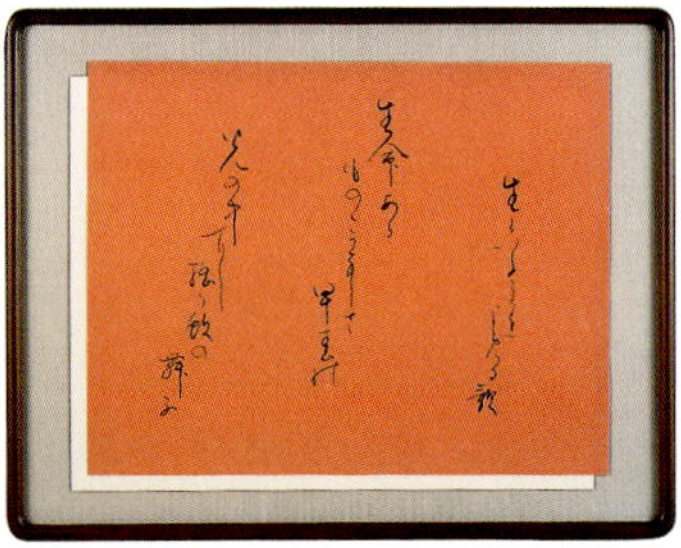

生命《いのち》あるもののかなしさ
早春の光のなかに
揺り蚊《ユスリカ》の舞ふ

平成3年（1991）1月10日、平成になって初めての歌会始の儀。一般から詠進して選ばれた10首の「預選歌」を年齢の若い順に、次いで、選者のうち一人の歌、天皇から特に召されて歌を詠む召人《めしうど》の歌、皇族方のうちお一人のお歌、皇太子妃のお歌、皇太子のお歌、皇后の御歌、最後に天皇の御製が披講される。御歌は2回、御製は3回繰り返される。

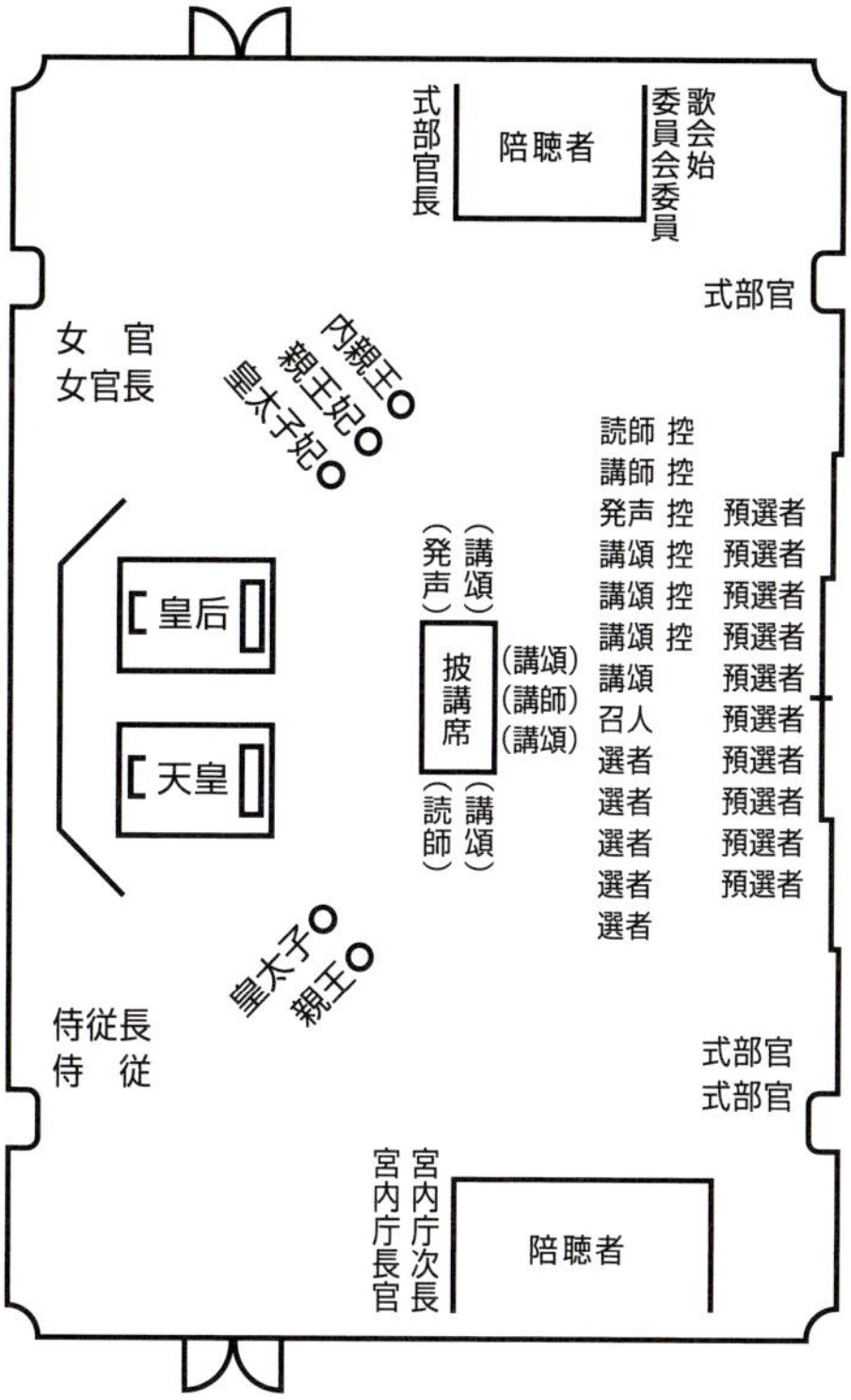

歌会始の配置図

基本的な配置図。天皇皇后の御前で、読師《どくじ》（司会役）、講師《こうじ》（全句を節をつけずに読む役）、発声《はっせい》（第1句から節をつけて歌う役）、講頌《こうしょう》（第2句以下を発声に合わせて歌う役）の諸役によって進行する。例年、皇太子をはじめ皇族方が列席し、文部科学大臣、日本藝術院会員、歌が選ばれた預選者などが陪聴する。

明治から平成の御製《ぎょせい》と御歌《みうた》

天皇が詠まれる歌は「御製」、皇后・皇太后が詠まれる歌は「御歌」、皇后・皇太后以外の皇族の歌は「お歌」と呼ばれる。明治天皇は生涯で9万3032首の歌を詠んだといわれ、歌を通じて国民の幸を願う歴代天皇の思いが、脈々と受け継がれている。

明治天皇 明治43年（1910）玉

しら玉を光なしともおもふかな
磨きたらざることを忘れて

昭憲皇太后 明治9年（1876）勤労

みがかずば玉の光はいでざらむ
人のこころもかくこそあるらし

大正天皇 大正3年（1914）大阪につきける夜提燈行列をみて

われを待つ民の心はともし火の
数かぎりなき光にもみゆ

貞明皇后 昭和7年（1932）癩（ハンセン病）患者を慰めて

つれづれの友となりてもなぐさめよ
ゆくことかたきわれにかはりて

八雲《やくも》立《た》つ 出雲《いづも》八重垣《やへがき》 妻籠《つまご》めに
八重垣《やへがき》作《つく》る その八重垣《やへがき》を

日本最古の勅撰和歌集『古今集』の序文では、この、天上から出雲に降臨したスサノオが詠んだといわれる三十一音の歌を和歌の起源と定めている。つまり、日本という国の始まりとともに和歌も生まれたとされ、それゆえ、歴代の天皇たちに詠み続けられてきたのだと、国文学者のフェリス女学院大学・谷 知子教授は語る。

「『新古今集』の序文には、『まことに和歌というものは、世を治め、民を労《いたわ》るという大きな徳行である』という内容のくだりがあります。天皇は、民が幸せであってほしいという願いを和歌に詠むことで現実をよいほうに変えられると信じてこられた。ときには一見現実からかけ離れたように見える賛美の歌も、末尾に『…だったらいいな』という言葉を添えると、その願いがわかります」

昭和天皇　昭和22年（1947）歌会始御題　あけぼの

たのもしく夜はあけそめぬ水戸の町
うつ槌の音も高くきこえて

香淳皇后　昭和38年（1963）還暦をむかえて

いたらざることのみ多き年月を
送りぬさらにあゆみはじめむ

天皇陛下　平成17年（2005）歌会始御題　歩み

戦《いくさ》なき世を歩みきて思ひ出づ
かの難《かた》き日を生きし人々

平成22年（2010）歌会始御題　光

木漏れ日の光を受けて落ち葉敷く
小道の真中《まなか》草青みたり

皇后陛下　平成18年（2006）歌会始御題　笑み

笑み交《か》はしやがて涙のわきいづる
復興なりし街を行きつつ

平成22年（2010）歌会始御題　光

君とゆく道の果たての遠《とほ》白《しろ》く
夕暮れてなほ光あるらし

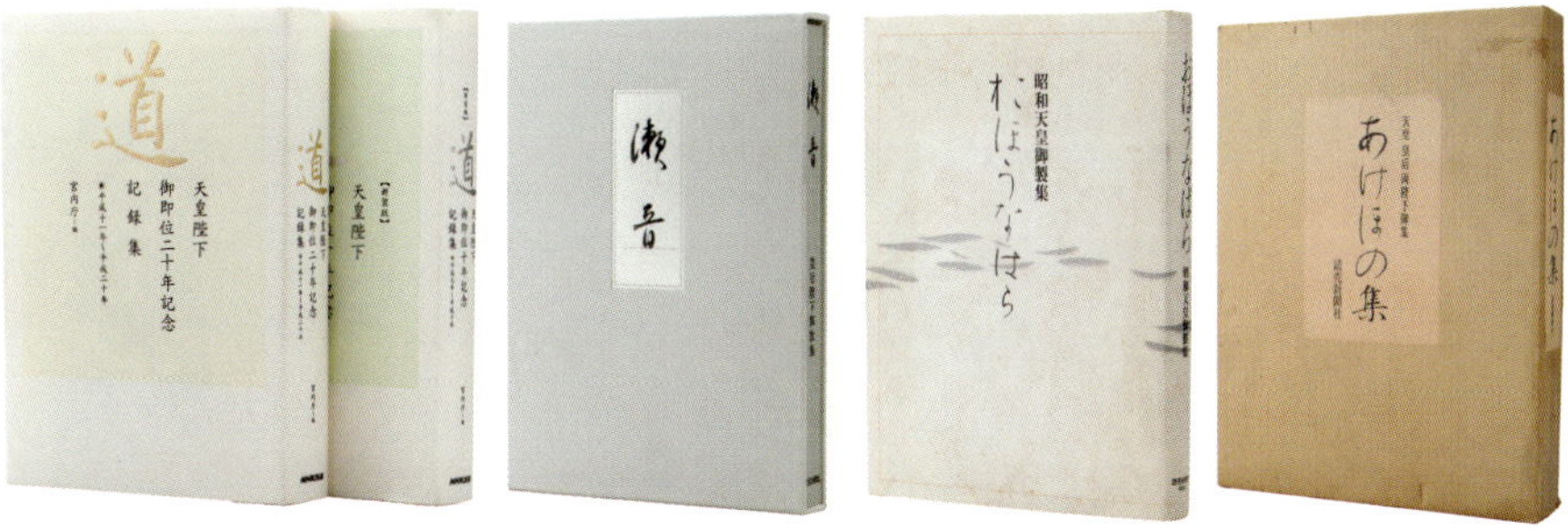

左から天皇皇后両陛下の御製・御歌、おことばを記録した『道　天皇陛下御即位十年記念記録集　平成元年〜平成十年』（NHK出版）と『道　天皇陛下御即位二十年記念記録集　平成十一年〜平成二十年』（NHK出版）の2冊、皇后さまの御歌を集成した『瀬音　皇后陛下御歌集』（大東出版社）、昭和天皇の御製を集成した『おほうなばら　昭和天皇御製集』（読売新聞社）、昭和天皇と香淳皇后の御製・御歌を集成した『あけぼの集　天皇皇后両陛下御集』（読売新聞社）。

数多く詠まれた御製・御歌は、『明治天皇御集　昭憲皇太后御集』（内外書房）や『貞明皇后御歌集』（主婦の友社）などに収められている。

天皇家のしきたり 4

天皇皇后両陛下の勲章《くんしょう》

最高位の勲章を 着用される天皇陛下

新年祝賀の儀や海外王室との宮中晩餐などの折、天皇皇后両陛下や皇族方が、勲章を着用された洋装のご正装を目にすることがある。

天皇陛下が燕尾《えんび》服に着用される勲章は、大勲位菊花章頸飾《だいくんいきっかしょうけいしょく》・副章、桐花大綬章《とうかだいじゅしょう》・副章（P.23参照）。首からかけて着けられる大勲位菊花章頸飾は、我が国最高位の勲章で明治時代に勲章制度が定められて以降、功績のあった皇族や政治家に贈られてきたが、現在は、日本で唯一、天皇陛下だけがおもちである。外交儀礼において勲章の伝統をもつ国とは、お互いの勲章を交換する慣例があり、戦後は31名の国家元首に大勲位菊花章頸飾が贈られている。

また、男性皇族（親王）は、ご成年を迎えると大勲位菊花大綬章が授与される。

皇后さまがローブ・デコルテ（襟ぐりが深いドレス）などに着用されるのは、勲一等宝冠章・副章。勲一等宝冠章は、平成15年（2003）の栄典制度の改革により、宝冠大綬章と名称が改められた。宝冠大綬章は、女性皇族（内親王）が成年を迎えるときや外国人に対する儀礼叙勲など特別な場合に、女性にのみ授与される。

平成21年（2009）1月、ご正装の両陛下。天皇陛下は、大勲位菊花章頸飾・副章と、桐花大綬章・副章を着用されている。皇后さまが着けられた勲章は勲一等宝冠章・副章。

大勲位菊花章頸飾

大勲位菊花章の「章」（メダルにあたる部分）のデザインは、国旗である「日の丸」を象徴する日章を中心に光線（「旭日昇天」の意気を示す「旭光」）と、その周りに菊花と菊葉を配したもの。「章」の上の「鈕《ちゅう》」の部分には、菊花が用いられている。「頸飾」（首にかける輪の部分）には、勲章が制定された元号の「明」「治」の二字を古篆字《こてんじ》（古い篆書体の文字）で飾り、菊花と菊葉が配されている。

大勲位菊花大綬章

副章は「章」の部分のみ、上着に着用することができるもの。略綬は勲章・褒章に代えて着けることができるもの。

宝冠大綬章

「章」のデザインは、古代の女帝の冠を模した宝冠を中心に、周囲には真珠と竹枝、桜の花葉を配している。「鈕」には古代宮廷女官の衣紋によったといわれている桐、牡丹、蝶、藤、杏、波紋を用いている。

天皇家のしきたり 5

春と秋の叙勲《じょくん》と褒章《ほうしょう》

多くの受章者が皇居に集まる年2回の祝賀行事

毎年4月29日は、春の叙勲受章者が発表される日。11月3日には秋の叙勲が執り行われるが、こうした勲章や褒章など栄典の授与は天皇の国事行為の一つとして、憲法に定められている。

叙勲・褒章とは、「国や公共に対して功労のある人、社会の各分野における優れた行いがある人を表彰するもの」で、称える内容と功績によって細かに種類が分かれている。特に功績が著しい方に授与する大勲位《だいくんい》菊花《きっか》大綬章《だいじゅしょう》、桐花《とうか》大綬章、旭日《きょくじつ》大綬章、瑞宝《ずいほう》大綬章及び文化勲章は、皇居での親授式で天皇から直接、手渡される。

一回の受章者の数は、春秋の叙勲がそれぞれ約4000名、褒章が約800名。また、警察官や自衛官などを対象にした危険業務従事者叙勲が約3600名。大勢の受章者たちに対して、現在、天皇陛下の拝謁《はいえつ》は春と秋、それぞれ6日間あるいは7日間にわたり連日行われている。年間50回近くにも及ぶご公務である。

ちなみに、授与された勲章は、「勲章佩《はい》用《よう》式」や「勲章等着用規程」などの法令によって、着用する際の服装や位置が決められている。

平成21年（2009）5月8日、大綬章等勲章親授式。毎回、受章者は、宮殿において天皇陛下から勲章を授与され、引き続き内閣総理大臣から勲記が伝達される。

文化勲章

文化の発達に関し、特に顕著な功績のある方。

勲章と褒章の種類と授与対象

（大勲位菊花章、宝冠大綬章はP.21に掲載）

瑞宝章

国、および地方公共団体の公務などに長年にわたり従事し、成績を挙げた方。※

旭日章

主に民間で社会の様々な分野における功績の内容に着目し、顕著な功績を挙げた方 。※

桐花大綬章

旭日大綬章又は瑞宝大綬章を授与されるべき功労より優れた功労のある方。

黄《おう》綬《じゅ》褒章

第一線で業務に精励し、他の模範である方。

緑《りょく》綬《じゅ》褒章

自ら進んで社会に奉仕する活動で顕著な実績のある方。

紅《こう》綬《じゅ》褒章

自己の危難を顧みず人命の救助に尽力した方。

紺《こん》綬《じゅ》褒章

公益のために私財を寄附した方など。

藍《らん》綬《じゅ》褒章

公衆の利益を興した方、又は公同の事務に尽力した方。＊1

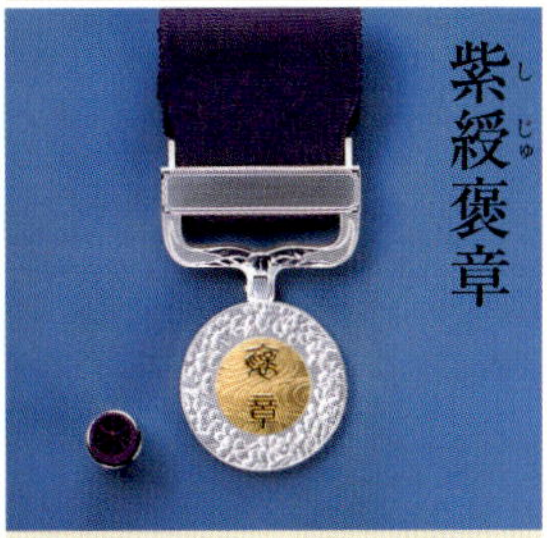

紫《し》綬《じゅ》褒章

学術、芸術上の発明、改良、創作に関して事績の著しい方。

※旭日章と瑞宝章は功績の大きさに応じて各6段階に分けられる。例）旭日大綬章、旭日重光《じゅうこう》章、旭日中綬《ちゅうじゅ》章、旭日小綬《しょうじゅ》章、旭日双光《そうこう》章、旭日単光《たんこう》章。写真は旭日大綬章と瑞宝大綬章。

＊1 具体的には、教育、医療、社会福祉、産業振興等の分野で公衆の利益を興した方、または保護司、民生・児童委員、調停委員等の事務に尽力した方。

写真／内閣府

天皇家のしきたり 6

宮中の稲作

農作業の実際を知る意義で始められた皇室の稲作

昭和天皇は、昭和2年（1927）、赤坂離宮内に区画された水田で田植えと稲刈りを始められた。当時の側近が、昭和天皇に農作業の実際を知っていただきたいという気持ちからおすすめしたものといわれている。昭和4年（1929）からは皇居内の生物学研究所脇に水田が設けられ、稲作を続けられた。

平成になると、天皇陛下は昭和天皇からの稲作を引き継がれたが、昭和天皇が田植えから行われていたのに対して、農家で実際に行うように「種籾《たねもみ》を播《ま》く」ことから始められた。

現在、皇居内生物学研究所脇の水田では、うるち米「ニホンマサリ」、もち米「マンゲツモチ」の2種類が合計238㎡作付けされている。天皇陛下は、水田の脇にある畑でも陸稲と粟《あわ》の手播きと刈り取りを行われ、お手播き、お田植え、お稲刈りの行事以外でもしばしば稲の生長具合をご覧になられているという。

稲は基本的には無農薬で栽培され、日常の管理は宮内庁庭園課が担当。毎日の見回りをはじめ、生育の状況に合わせ、施肥、除草、防鳥網の設置が行われている。

お手植えお手刈り用角籠（天皇陛下がお田植えやお稲刈りの際に苗や刈り取られた稲をのせる籠）と、中に入れた道具・左から、お手播き用丸籠（天皇陛下が種籾を播かれる際に種籾を入れる竹籠）、御料鎌（天皇陛下がお稲刈りのときにご使用になる鎌）、粟刈り用穂刈鎌（天皇皇后両陛下が粟刈りのときにご使用になる鎌）。

天皇陛下のお稲作

9月下旬 お稲刈り

お田植えの後、お稲刈りまでの間には、しばしば稲の生長具合をご覧になるため、水田に立ち寄られることもある。お田植えもお稲刈りも量が多くなってしまったため、現在は、何回かに分けて行われている。

平成元年から平成20年までそれぞれの年の種籾から育った苗を5株ずつ水田にお手植えされる。種籾は、平成2年から、前年に皇居で収穫されたものを年ごとに付け加えてこられたため年々栽培数が増え続け、平成20年には200株になった。平成21年以降は200株が維持されている。

4月上旬 お手播き

生物学研究所の南側に小さな苗代がある。平成元年から平成20年まで、皇居で収穫された種籾をそれぞれの年ごとに30cm×30cmの大きさの、縄で仕切った枠に分けて播かれている。種籾は、平成20年まで独立行政法人 農研機構 作物研究所から毎年届けられていた。

5月中旬 お田植え

天皇陛下が栽培されている2品種の稲

資料／独立行政法人 農研機構 作物研究所

名称	ニホンマサリ	マンゲツモチ
種類	水稲　うるち品種	水稲　　もち品種
特徴	 ・昭和48年(1973)に育成。 ・多収で栽培しやすい。 ・昭和50年代には関東地域を中心に全国で2万ha栽培された(現在は、ほとんど栽培されていない)。	 ・昭和38年(1963)に育成。 ・もち質が良く、耐病性に優れる。 ・南東北から関東地域にかけて広く栽培され、昭和50年代には国内で3番目に作付けの多いもち品種となった。

天皇家のしきたり 7

〝神《かみ》代《よ》〟から続く新《にい》嘗《なめ》祭《さい》

合計4時間にも及ぶ夕《よい》と暁《あかつき》の新穀感謝祭

古代中国では、新穀を神に供える秋の祭を「嘗《じょう》」、冬の祭を「烝《じょう》」といった。

一方わが国では、新しく穫《と》れた穀物（特に米・粟《あわ》）を贄《にえ》（供物）として供え、神々を饗《あえ》する（もてなす）祭を「ニヘアヘ（にいなめ）マツリ」と称する。今でも北陸に「あえのこと（饗の事）」という民俗行事が残っている。

その起源は、稲作の普及した弥生時代に遡《さかのぼ》るとみてよい。それを『日本書紀』神代の物語は、天照大神《あまてらすおおみかみ》が高天原《たかまがはら》で「新《にい》嘗《なめ》きこしめす」と伝え、また『常陸国風土記《ひたちのくにふどき》』にも「新粟嘗《にいなめ》」の説話がみえる。やがて律令時代以降、宮廷でも民間でも新嘗祭は、毎年11月の中下旬に励行されてきた。

その伝統を天皇陛下も忠実に受け継いでおられる。11月23日夜、6時から8時までの夕《よい》の儀と11時から翌1時までの暁《あかつき》の儀は、宮中三殿西の神嘉殿《しんかでん》で米・粟などの神饌《しんせん》を天皇みずから神々に供え、神恩に感謝した後、陛下も召しあがる。

合計約4時間、正座で奉仕されるのだが、その際、足の痛みなどに煩わされず、澄んだ心で祭儀を執り行うため、天皇陛下はテレビをご覧のときなど、年中、正座して鍛えておられるという。

天皇陛下が皇居で栽培し、収穫された米は、新嘗祭、祈年祭《きねんさい》に宮中三殿の賢所に供えられるほか、根付きの稲が伊勢神宮の神嘗祭《かんなめさい》に供えられる。新嘗祭の折には、皇后さまは、全国から献上された米や粟の名前を一つひとつ短冊にお書きになっている。写真は平成11年（1999）宮内庁職員組合文化祭美術展より。

新天皇が諒闇《りょうあん》（1年間の服喪）明けに営まれる大規模な新嘗祭を大嘗祭《だいじょうさい》という。天皇陛下の大嘗祭は、平成2年（1990）11月22日夕方から翌23日の未明にかけて、例年の新嘗祭と異なり、皇居東御苑に設営された大嘗宮（悠紀殿《ゆきでん》・主基殿《すきでん》など）で行われた。

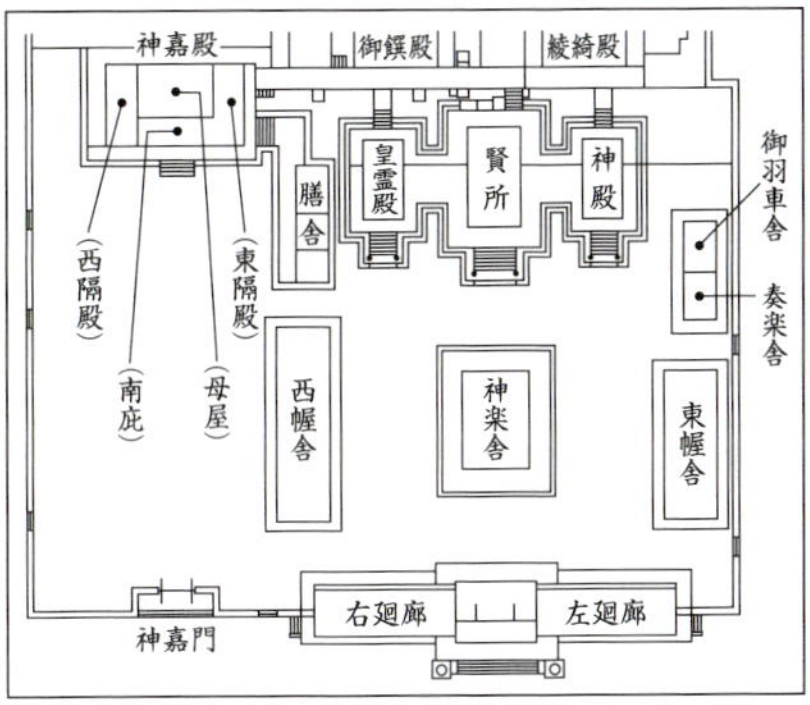

神嘉殿の位置と平面図

図の左上、神嘉殿の母屋の中央には、神座《しんざ》（黄縁《きべり》の短帖《たんじょう》）と天皇陛下の御座《ぎょざ》（白縁の半帖）が伊勢神宮に向けて設けられる。西隔殿《かくでん》には皇太子さまが侍され、東隔殿には掌典《しょうてん》長《ちょう》、南庇《ひさし》には侍従長らが侍する。神饌（米と粟の御飯・御粥、白酒《しろき》・黒酒《くろき》や魚介・果物類など）は東南の膳舎《かしわしゃ》で調えられ、掌典・女官らにより運ばれる。

天照大神をまつる賢所、歴代天皇及び皇族の祖霊をまつる皇霊殿、八《や》百万《およろず》の神々をまつる神殿を総称して宮中三殿と呼ぶ。新嘗祭の夕の儀と暁の儀は宮中三殿の西側に位置する神嘉殿で行われる。

天皇家のしきたり 8

皇后さまのご養蚕

明治から4代にわたり 引き継がれてきた丹念な手作業

今から5000〜6000年前、中国最初の皇帝・黄帝《こうてい》の妃が初めて蚕《かいこ》を飼い、民衆に広めたのが養蚕の始まりといわれる。日本での起源は明確ではないが、『日本書紀』には、5世紀ごろ雄略《ゆうりゃく》天皇が后《きさき》妃《みめ》に養蚕を勧めようとされたことが記され、古来、皇室と養蚕の関係は深い。

現在、皇居で行われている養蚕は、明治4年（1871）に明治天皇の皇后の昭憲《しょうけん》皇太后が宮中でお始めになり、代々継がれてきたものである。明治38年（1905）、大正天皇の皇后の貞明《ていめい》皇后は、皇太子妃時代に東京蚕業講習所から純日本種の小《こ》石《いし》丸《まる》を持ち帰り、飼育を始められた。それを香淳《こうじゅん》皇后が大切にお守りになり、今は皇后美智子さまが受け継がれている。

明治から大正、そして昭和の戦前までは、皇后が養蚕を行うことは殖産興業として奨励するという意味があったが、現代では、むしろ、日本の伝統的な文化を守り伝える意味合いが強い。皇后美智子さまは、毎年5月上旬前後から約2カ月間のご養蚕の期間、「御養蚕始《はじめ》の儀」、2度の「御給《ごきゅう》桑《そう》」と「上蔟《じょうぞく》」「初繭《はつまゆ》掻《か》き」「御養蚕納《おさめ》の儀」といった定例の行事以外にも何度も紅葉《もみじ》山《やま》御養蚕所や桑園に足を運ばれ、ご公務の合間に自ら、丹念に作業をされている。

皇后さまが養蚕を行う皇居内の紅葉山御養蚕所。木造2階建てで、地下に貯桑室を備えた平屋や御休所が別棟として隣接している。

平成13年(2001)5月、「御給桑」の折、蚕に桑の葉を与え、葉を食む音に耳を澄まされる皇后さま。ご養蚕は、毎年5月から6月の約2カ月にわたって行われる。

昭和59年(1984)5月、紅葉山御養蚕所にて香淳皇后の御給桑。香淳皇后は、明治の昭憲皇太后、大正の貞明皇后から受け継いだ宮中のご養蚕に熱心に取り組まれた。

正倉院宝物の復元に用いられた小石丸種

平成15年(2003)度、皇后さまがお育てになった小石丸の繭を用いて、正倉院宝物である紫《むらさき》地《じ》鳳形錦御軾《ほうおうがたにしきのおんしょく》の錦が復元された。平成5年(1993)、正倉院裂《ぎれ》の復元に最もふさわしい絹は、繊細で細い糸を生む純日本種の小石丸であることを確認した正倉院事務所は、紅葉山御養蚕所で育てられている小石丸の繭を使用することを皇后さまにお願いした。皇后さまは御養蚕所主任と相談の上、要請を受け入れられ、それまでの7倍あまりとなる小石丸種を増産。平成21年(2009)まで継続して、繭が正倉院に納められた。

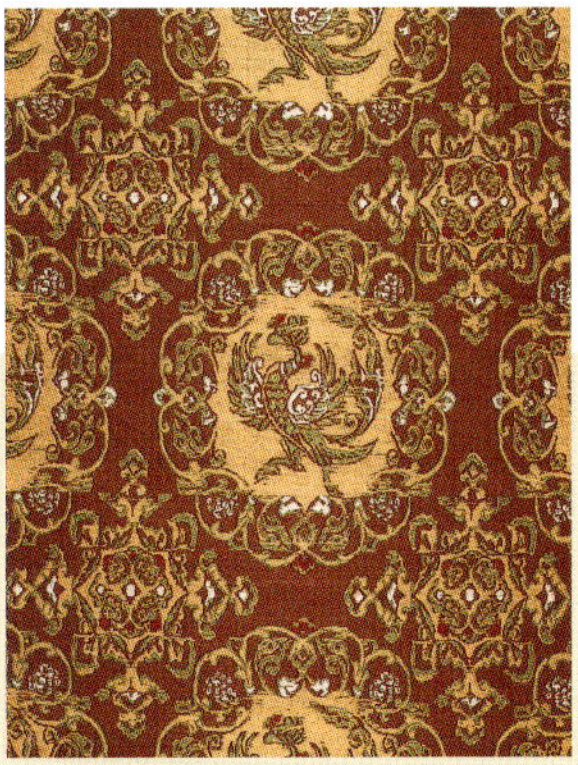

紫地鳳唐草丸文錦(部分)
紫地鳳形錦御軾の錦の復元
正倉院事務所所蔵

ご養蚕の主な作業

掃立てと前後して桑摘みが始まる。皇后さまもご公務の合間に、しばしば桑摘みなどの作業をされる。平成11年(1999)、皇居内生物学研究所に隣接する桑園にて。

御養蚕始の儀

1.掃《はき》立《た》て

蟻蚕《ぎさん》(卵からふ化したばかりの蚕)を蚕座《さんざ》(蚕を育てるところ)に移し、初めて桑を与える。羽ぼうきを使って蟻蚕を掃き下ろすことから「掃立て」と呼ばれる。

2.給桑《きゅうそう》

蚕に桑を与えることを「給桑」という。蚕が小さいうちは細かく刻んだ桑の葉を与え、次第に枝付きの葉を与える。皇后さまは定例行事として毎年2度「御給桑」にお出ましになる。

紅葉山御養蚕所で育てられた蚕の繭。右より、純日本種の「小石丸」、日本産と中国産の交雑種「白繭種《はっけんしゅ》」、欧州産と中国産の交雑種「黄繭種《おうけんしゅ》」、戸外に設けられた囲いの中でくぬぎの葉で育てられる野生種の「天蚕《てんさん》」。

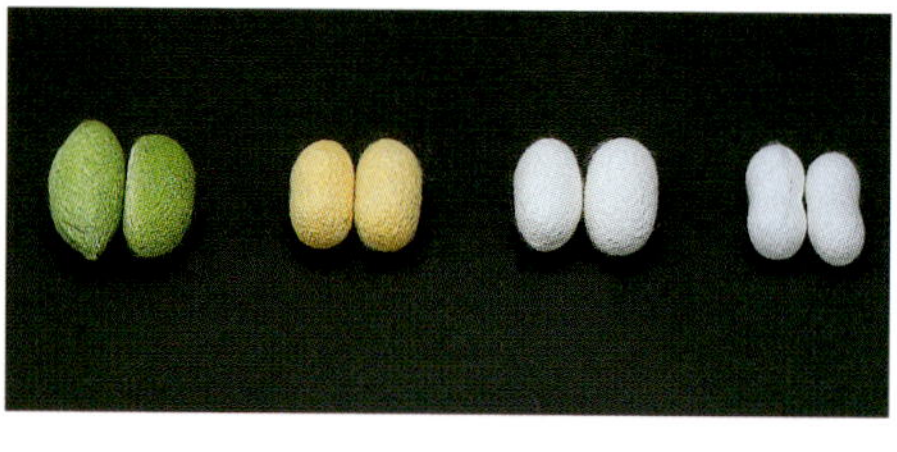

3.上《じょう》蔟《ぞく》

熟蚕《じゅくさん》(繭をつくる段階になった蚕)を「蔟《まぶし》」という蚕が繭をつくる場所に移す。紅葉山御養蚕所では一般的な回転蔟などのほか、皇后さまご自身が藁《わら》を編んでおつくりになる昔ながらの藁蔟が使用される。皇后さまは熟蚕を1頭ずつ手に取り、蔟の中に丁寧にお入れになるという。上蔟から一晩明けると蚕は糸を吐き始め、2～3日で繭になる。

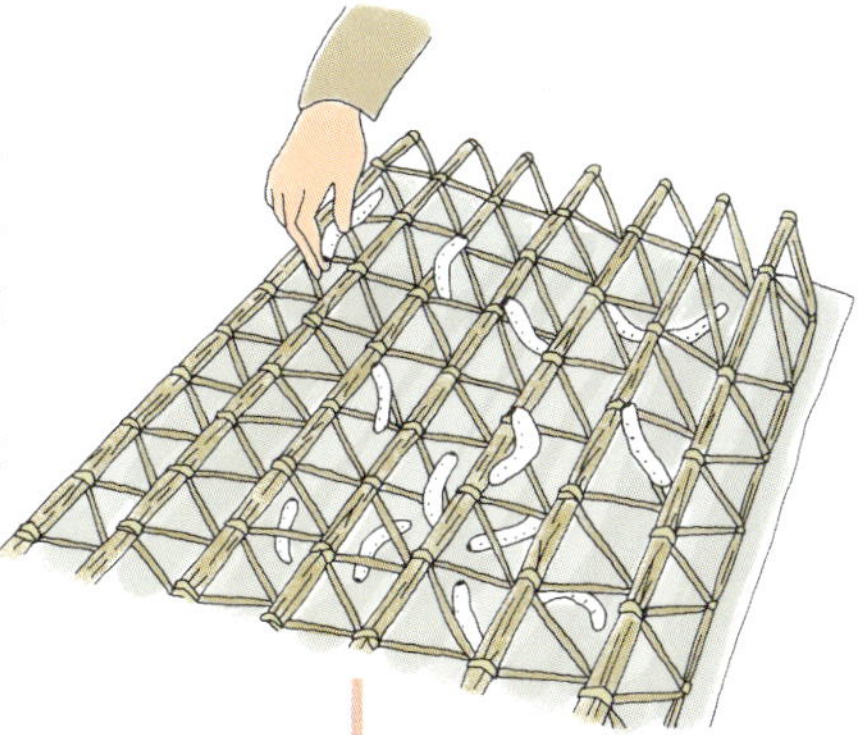

4.初《はつ》繭《まゆ》掻《か》き

繭の中で脱皮して蛹《さなぎ》になった後、約10日で繭を蔟から外す。その最初の作業を「初繭掻き」と呼び、皇后さまが行われる。

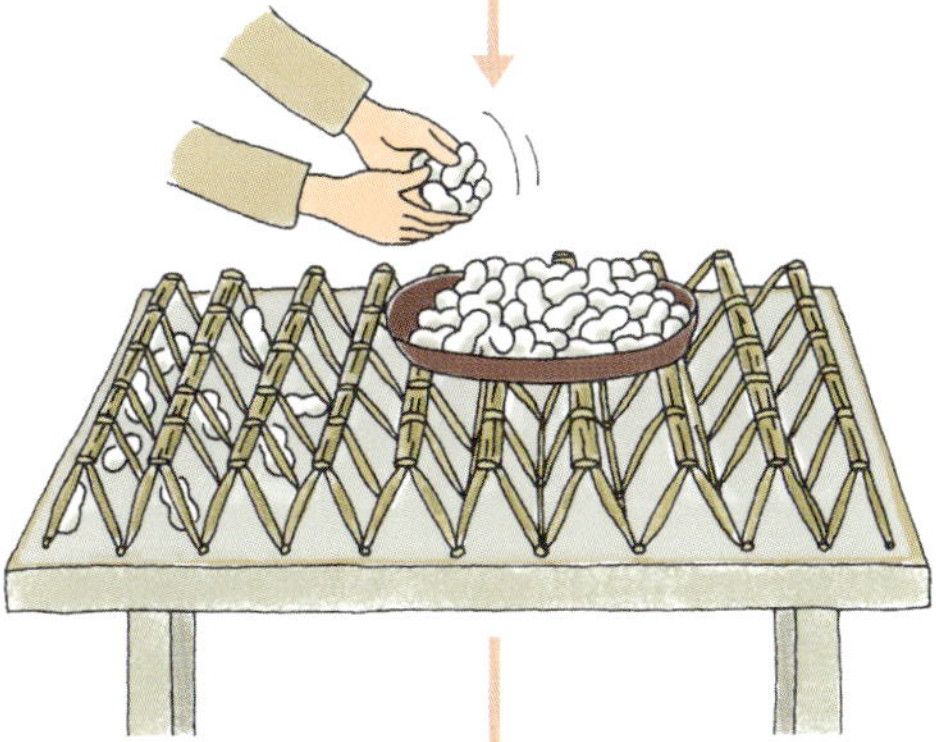

御養蚕納の儀

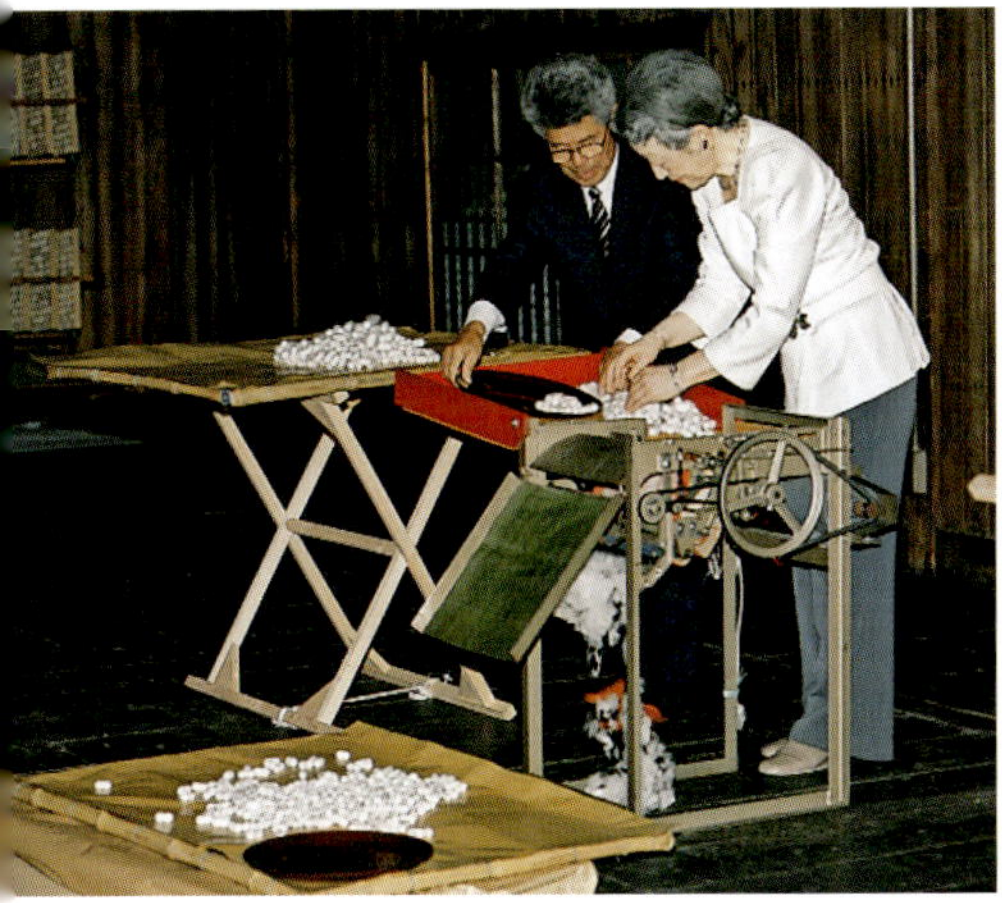

初繭掻きで繭を集めた後、毛羽取り機を使って、繭のまわりについている毛羽を取る作業も皇后さまが行われる。毛羽は繊維としては弱いため、取り除かれる。

蚕の成長

ふ化してから蛹になるまで約1カ月間。眠《みん》(脱皮する前に桑の葉を食べるのをやめ、静止した状態)と脱皮を4回繰り返して大きくなる。5齢になって約1週間で熟蚕になる。

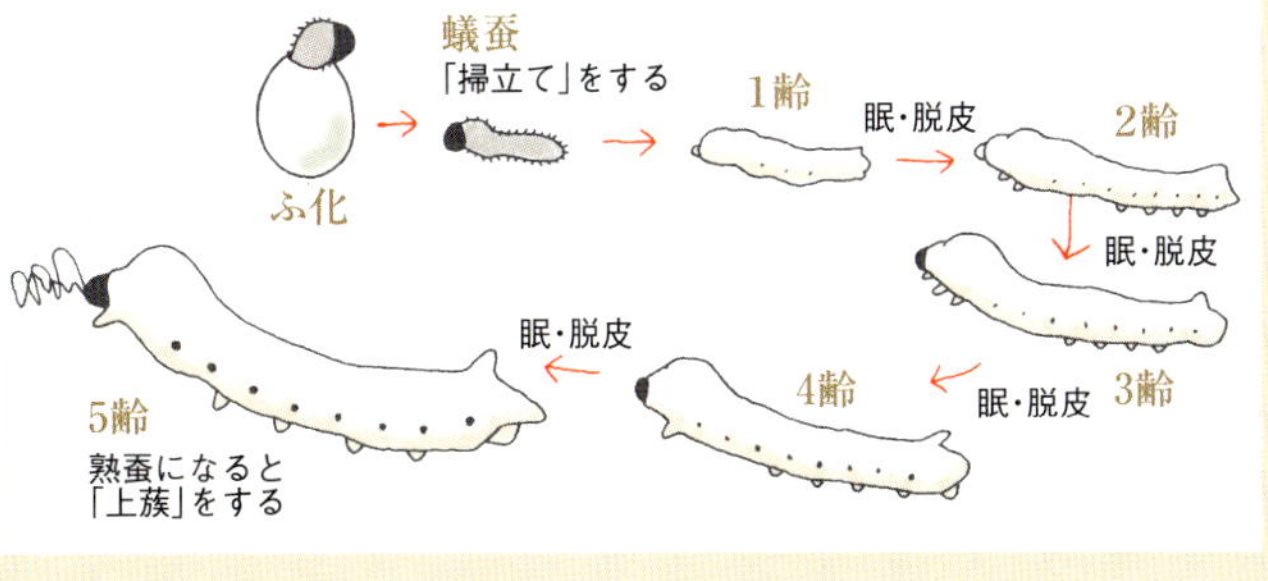

天皇家のしきたり 9

国賓を迎える宮中晩餐

皇后さまの手を取り挨拶するスペイン国王フアン・カルロス1世とソフィア王妃。平成20年（2008）11月10日。

最高級の儀礼を尽くして相手国との友好を深める

王位を継承したり、大統領に就任したり、独立して一国を構えたりした元首をはじめ、諸外国の首脳が訪日を希望する場合、公[*1]賓ではなく、国賓として迎えることは、日本政府が最高の儀礼をもってもてなすことであり、閣議に諮《はか》って正式決定される。その後、相手国側と外務省、宮内庁などの関係省庁が協議し、国賓を迎える行事の準備を整える。先方が日程の都合などで午[*2]餐を希望しない限り、格式の高い晩餐に招くのが、天皇皇后両陛下が国賓を迎えて催す宴席の原則となっている。

宮中晩餐はプロトコール（公式国際儀礼）に則《のっと》り行われるが、開国後、明治の初期から、宮中に外国の要人を招いての饗応は、当時の世界標準に倣《なら》い、フランス式であった。昭和27年（1952）の平和条約発効以来、これまで昭和時代には66回、平成以降は50回以上、国賓を迎えて宮中晩餐が催されてきた。

国際的にマナーが多様化、簡略化した現代では、明治以来の伝統を踏襲しつつ、なによりもまず相手国の意向を尊重し、晩餐会の準備に心が配られる。

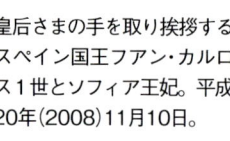

ドレスコードもその一例で、かつては男性はホワイトタイ、すなわち燕尾服、女性は襟ぐりが深いローブ・デコルテをはじめとする、丈の長いイブニングドレスという、夜の第一礼装が原則であった。

しかし、近年では、事前に相手国と協議し、天皇皇后両陛下をはじめご臨席の皇族方、三権の長（衆参両院の議長、最高

平成11年(1999)12月1日、ヨルダンのアブドッラー国王、ラーニア王妃を迎えた晩餐。食事の前には、天皇陛下から、両国の交流を振り返り、相手国の繁栄を祈る歓迎のおことばがあるが、陛下は必ず、相手国に対するご自身の個人的な体験を交え、親しみを表そうとなさる。

裁判所長官、内閣総理大臣)、政財界の有力者、文化・科学・芸術分野の代表者といった招待客も、国賓が希望した服装に合わせるようになったと、宮中の儀式や饗宴を担当する元・式部官《しきぶかん》、中島宝城氏は語る。正式な晩餐の服装と認められている民族衣装で出席する国賓夫妻も多く、応接される皇后さまや宮妃方も着物を召されることがある。勲章の伝統をもつ相手国であれば、日本側も勲章を着用するのが決まりである。

宮中晩餐の料理は、宮内庁大膳《だいぜん》課が担当し、国賓をはじめ招待者に喜ばれることを第一義に、会話の端緒となるような心配りがなされる。また、肉料理には御料牧場《ごりょうぼくじょう》産の羊肉を使用するが、牛や豚を禁忌する国もあるため、献立には配慮している。料理に加え、卓上花の準備も大膳課が担い、皇后さまのお心遣いにより、相手国の国旗をイメージした花が飾られることが多いという。

＊1 外国の首脳が日本を公式訪問する場合、国王や大統領などの元首であれば国賓、首相クラスなら公賓として迎えるのが原則。平成元年(1989)には、首脳会談などを主目的として訪日する元首を公式実務訪問賓客として迎える制度も定められた。 ＊2 昼食会。公賓と、公式実務訪問賓客の元首、副大統領、首相、国連事務総長などは、通常、宮中の午餐に招待する。

宮中晩餐当日の流れ

お出迎え

天皇皇后両陛下が宮殿の南車寄(正面玄関)へ。国賓が到着、挨拶を交わされる。

▼

ご挨拶、食前の飲物(前席)

両陛下が国賓を「松風の間」へご誘引。室内で待機されていた皇族方とご挨拶。食前の飲物が供され、ご歓談。招待客にも「春秋の間」で飲物が供される。

▼

謁見

両陛下が国賓と「石橋《しゃっきょう》の間」へ移られる。招待客、国賓の随員が謁見し、順次「豊明殿」へ。

▼

ご入場

皇族方が「石橋の間」へ。両陛下と国賓が「石橋の間」を発ち、「豊明殿」へ。皇族方が随従される。宮内庁楽部が入場曲を演奏、招待客は起立して迎える。

▼

おことばとご答辞、挙杯

天皇陛下が国賓歓迎のおことばを述べられ相手国の国歌の演奏に続き、杯を挙げる。国賓によるご答辞に続いて君が代の演奏、杯を挙げる。

▼

食後の飲物(後席)

食事後、両陛下と国賓、続いて皇族方が席を立たれ招待客は一同起立して見送る。両陛下と国賓は「石橋の間」に、皇族方、国賓の随員、招待客は「春秋の間」に入り、食後の飲物が供される。

▼

ご歓談

両陛下が国賓とともに「春秋の間」に移られ、ご歓談。

▼

お別れのご挨拶

両陛下が国賓と「松風の間」に入られ、皇族方がつき従い、国賓とお別れの挨拶を交わされる。

▼

お見送り

両陛下が国賓を南車寄まで送られ、出立をお見送り。

菊のご紋章がついた宮中晩餐の招待状

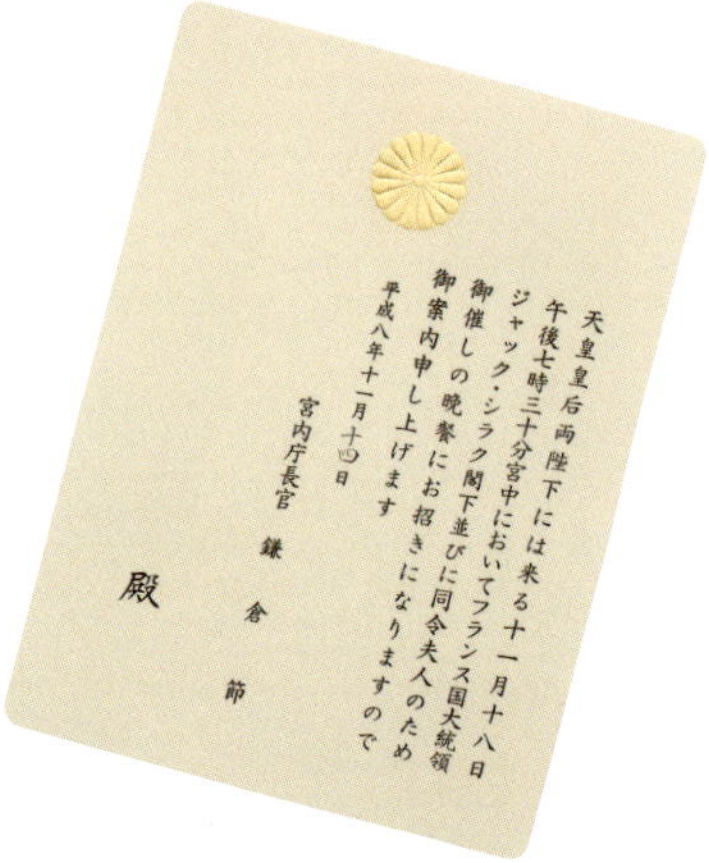
天皇皇后両陛下には来る十一月十八日
午後七時三十分宮中においてフランス国大統領
ジャック・シラク閣下並びに同令夫人のため
御催しの晩餐にお招きになりますので
御案内申し上げます
平成八年十一月十四日
宮内庁長官　鎌倉　節
殿

招待状は宮内庁長官名で出状される。金の箔押しの菊のご紋章がつくのは、主催者が天皇皇后両陛下であることのしるし。封筒には、出欠はがき、車での来場に必要な自動車標識、参入券、当日の服装についての案内などが同封される。招待客は通常150名ほどにのぼる。

宮殿の見取り図

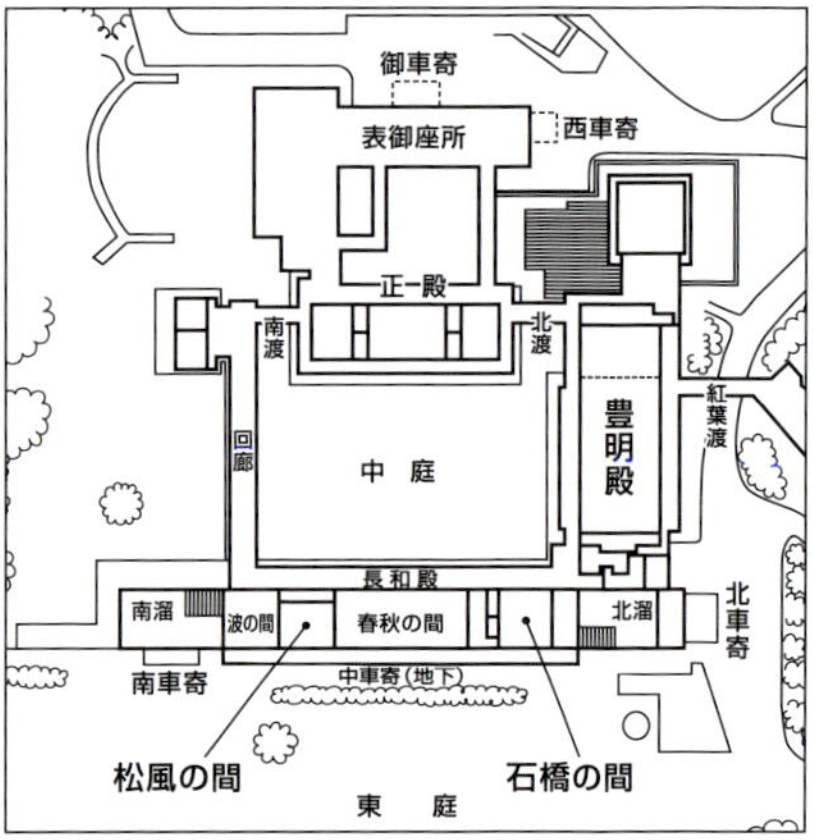

主会場「豊明殿」の広さは915㎡。その名は、新嘗祭《にいなめさい》や大嘗祭《だいじょうさい》の翌日、宮中で行われた豊明節会《とよのあかりのせちえ》にちなむ。壁面には中村岳陵原画による豊幡雲《とよはたぐも》の綴《つづ》れ織りが。

宮中晩餐の席につくと、中央に飾り皿、左右にカトラリー（ナイフ、フォーク、スプーン類）が並んでいる。メニューの右側のグラス類は、明治期にデザインされたもので、赤いグラスは白ワイン用。

晩餐のメニューとテーブルセッティング

メニュー

清羹《せいかん》（コンソメ・ロワイヤル）
鮃《ひらめ》酒煮（ボルドー風）
若鶏冷製
羊腿《もも》肉蒸焼（茸添え）
サラダ
富士山型アイスクリーム
果物

コルトン・シャルルマーニュ1985
シャトー・ラトゥール 1981
モエ・エ・シャンドン、
ドン・ペリニヨン 1985

Dîner
en l'Honneur de Son Excellence
Monsieur le Président de
la République Française
et Madame Jacques Chirac
du 18 novembre 1996
au Palais Impérial à Tokyo

Consommé à la Royale
Turbot à la Bordelaise
Chaud-froid de Poulet en Bellevue
Gigot de Mouton Rôti aux Champignons
Salade de Saison
Glace Mont Fuji
Dessert

Corton Charlemagne 1985
Château Latour 1981
Moët et Chandon Dom Pérignon 1985

メニューは原則、フランス語表記。平成8年（1996）11月18日、フランスのシラク大統領（当時）夫妻を迎えた晩餐のメニュー。

昭和26年（1951）から23年間にわたり、宮内庁大膳課に勤めた板垣信久が再現した宮中晩餐の料理。写真右／料理は大皿から取り分けるスタイル。タイ国王を迎えたときに供された牛ヒレ肉の大使風。写真左／明治時代からの伝統、富士山型アイスクリーム。写真／佐々木雅久『昭和天皇のお食事』（旭屋出版）より

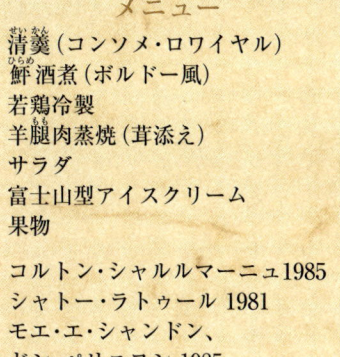

天皇家のしきたり 10

宮中晩餐の食器の輝き

明治天皇の時代から長く愛用され続ける逸品

日本にフランス料理が入ってきたのは、明治維新のころ。文明開化が急速に進む中、明治政府は早い時期から西洋料理とそれに用いる洋食器を積極的に取り入れ、外国の要人たちをもてなしてきた。その明治期につくられた皇室の銀食器や磁器の食器、グラス類、カトラリー（ナイフ、フォーク、スプーンなど）が今もなお、宮中晩餐で使われ続けていると聞くと、驚く人も多いのではないだろうか。

十六葉の菊花紋を中心に御旗御紋《みはたごもん》の装飾が施されたワイン用のグラスは、宮内庁内でイギリス製と伝えられているもの。御旗御紋は、明治前期の金貨にも使われていた図案である。戦後、国産メーカーの「カガミクリスタル」が、破損によって数が揃わなくなったグラスを複製したり、新規に宮内庁の依頼を受けて製作したりした例もあるが、基本的には明治期につくられた食器が、必要に応じて補充されながら大正、昭和、平成と継承されてきた。また、ワイングラスのような外国製は例外で、磁器の「深川製磁」、銀食器の「宮本商行」など、製作会社は数社に上るが、ほとんどが国産であることも特筆したい。

銀製芋鉢

魚や肉料理のつけあわせの温野菜類を給仕するための蓋付の容器。銀食器類はアールデコ様式の影響を受けた近代的な造形をもつものが多い。菊の御紋の文様が蓋と鉢全体にデザインされている。

銀製菊葉模様ソース鉢、銀製御紋付ソース杓子

装飾付の外側の鉢の内側に、同型の鉢をはめ込む二重構造。受皿と、菊御紋付の杓子が備え付けられている。

宮中晩餐で使われる食器の数々

御旗御紋付赤葡萄酒コップ

中央に御旗御紋の装飾が施された赤ワイン用のグラス。宮中では今もグラス類のことをポルトガル語やオランダ語に由来するコップという名称で呼ぶ。台の部分の広さや脚部の長さなどのバランスがよく、公式の宴席で用いるのにふさわしい安定感を備えている。

金菊御紋付食皿(右上)、金菊御紋付菓子皿(左上)、金菊御紋付パン皿(中下)

金彩の磁器の皿には、すべて中央に十六葉八重表菊形が描かれている。宮中晩餐では、銀食器の大皿や器に盛り付けた料理をいったん客に提示した後に、調理場でそれを切り分けて、各々の食皿に供する。

金菊御紋付コーヒー茶碗 受皿付

豊明殿での晩餐が終了し、春秋の間に移ってから、食後の飲物としてコーヒーや紅茶が供される。写真では見えないが、コーヒー茶碗の取っ手の反対側の側面に菊の御紋が描かれ、紅茶用には桐の意匠が施されている。

宮中午餐で使われる食器は…?

外国の元首やそれに準ずる「国賓」への晩餐に対して、外国の王族、行政府の長やそれに準ずる「公賓」には、宮殿の小食堂「連翠」で午餐(昼食会)が行われる。皿などの磁器類やカトラリーを含む銀食器類は国賓の宮中晩餐とほぼ同じものが用いられるが、ガラス類は御紋の付いた切子のカットグラスが午餐に使用される。

切子御紋付
赤葡萄酒コップ

平成5年(1993)2月、ガリ国際連合事務総長(当時)夫妻を招いた午餐の様子。

天皇家のしきたり 11

宮中に伝わる月見の宴《うたげ》

風雅に月を愛でる「中秋《ちゅうしゅう》」十五夜のお祝い

「中秋の名月」とは、旧暦8月15日の満月をいう。明治以降の新暦では、ほぼ9月中（年により前後する）に見られる。

中国では古代からその夜に月餅《げっぺい》や西瓜《すいか》・枝豆などを供えて名月を楽しむ「中秋節」があり、今も盛んに行われている。

わが国には、その風習が伝来する前から、米以前の常食だったイモ（里芋）などを月に供え、収穫に感謝する祭が民間にあった。これと「中秋節」が一体になり、宮廷でも平安前期から8月15日夜に「月見の宴」が催されてきた。

その風流な行事が、今も宮中に残っている。毎年旧暦8月15日を新暦に換算して（平成23年は9月12日）、御所*では秋草（薄《すすき》・萩《はぎ》・女郎花《おみなえし》・吾亦紅《われもこう》・藤袴《ふじばかま》など）を花瓶に活け、食物（里芋・枝豆・栗・柿・団子など）を三方《さんぽう》（方形の台）に盛って供える。天皇皇后両陛下はそのお供えと同じものを夕食のときに召しあがり、ちょうど満月になるころの「のぼり月」をご覧になるという。

なお、京都の桂離宮では、池辺の茶亭月波楼《げっぱろう》から観《み》る名月が、ひときわ美しい。

＊『宮中歳時記』入江相政編（小学館文庫）参照。

貴族や画人たちを魅了してきた秋の草花と月

平安時代から貴族たちは秋の名月を愛で、月や秋の草花が描かれた名画も多い。薄、桔梗《ききょう》、藤袴など秋の草花と満月が調和した、酒井抱一筆「花鳥十二ヶ月図」より「八月　秋草に螽斯《きりぎりす》図」江戸時代　文政6年（1823）　宮内庁三の丸尚蔵館所蔵

池に映る月も美しい桂離宮の月波楼

江戸初期(17世紀初め)、八条宮(のち桂宮)初代智仁《としひと》親王の別荘として造り始められ、明治に宮内省の管轄となった桂離宮。月波楼は観月のための茶亭で、夜空の月と池の水面に映る月の両方を楽しめるように造られている。撮影／三好和義

宮中のお月見の食べ物

旧暦８月15日ごろに里芋が収穫され、十五夜にお供えすることから、「芋名月」ともいわれる。旧暦９月13日には、十三夜のお月見も行われる。

柿

栗

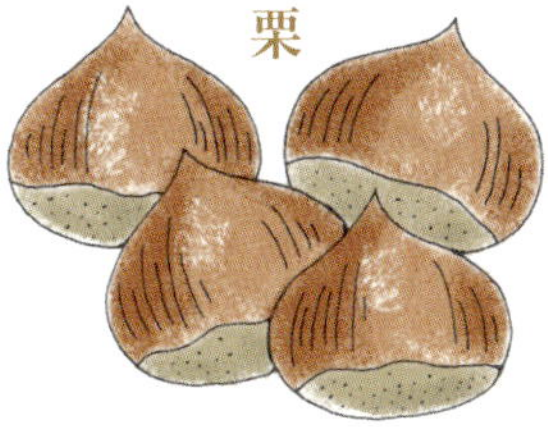

里芋

団子

枝豆

天皇家のしきたり 12

皇居のホタル

豊かな自然の中で
大切に守られてきた生態系

都心ではほとんど目にすることができない自然のホタルだが、年によって観察できる数は増減しながらも、決して少なくはないホタルの舞いが夏の夜の皇居の風物詩となっているのをご存じだろうか。

昭和の時代には、季節になると、滋賀や京都、岐阜、九州から皇室にホタルが贈られていたといわれる。しかし、それらの「献上蛍」は定着することはなく、昭和天皇は、過去に皇居に生息していたと伝えられるホタルを呼び戻したいとお考えになった。

そこで、昭和48年（1973）から昭和56年（1981）まで8回にわたり、ゲンジボタルとヘイケボタルを放流。以来30年が経過したが、乾《いぬい》門《もん》通り山吹流れ（地図参照）などで毎年ホタルが観察されている。

宮内庁庭園課は皇居内のホタル生息地である水辺や樹木の管理などを行っているが、ホタルは生態系の中ですでに定着しているため、水草の除去や水辺の草刈りなど最小限の生息環境を整えるだけにとどめている。シーズン中は、ホタルのオスとメスが出会えるように近くの街灯が消され、定期的にホタルの観察数が天皇皇后両陛下に報告されている。

豊かな自然が残る吹上御苑。平成12年（2000）の国立科学博物館の調査結果では、皇居内にはゲンジボタルやヘイケボタルなどの昆虫を含む3638種の動物がいることが報告されている。平成12年４月、皇居・道《どう》灌《かん》濠《ぼり》で鳥類の調査を行われた天皇皇后両陛下と紀宮さま（黒田清子さん）。

滋賀県守山市から届けられていた献上蛍

明治35年（1902）から皇室にホタルを献上した歴史をもつ滋賀県守山市。大正13年（1924）にはゲンジボタルの史跡名勝天然記念物指定地に選ばれた。立派な箱に入れて昭和の中ごろまで献上が続けられたようだ。写真／守山市ほたるの森資料館

皇居にはゲンジボタルとヘイケボタルが生息

種類	ゲンジボタル	ヘイケボタル
形態	 大きさ オス10～18mm メス15～20mm	 大きさ オス9～10mm メス11～12mm
生息場所	河川・水路など流水域	流れの少ない河川、水田や池などにも生息
生息地域	鹿児島から青森	沖縄を除く日本全域
エサ	カワニナ	モノアラガイ、カワニナなど
皇居内での発光ピーク	6月10日～20日ごろ	6月15日～30日ごろ

近年、皇居・乾門通り山吹流れで観察できたホタルの数

平成20年（2008）……112匹
平成21年（2009）……203匹
平成22年（2010）……56匹

乾門から宮内庁庁舎に向かう途中にある山吹流れと呼ばれる水辺にホタルが生息。同じ時期には、吹上御苑内の水辺でも数多くのホタルが舞う。

コラム

あなたも歌会始に和歌を詠進してみませんか?

平成22年（2010）1月14日、皇居・宮殿の松の間で行われた歌会始の儀。平成22年のお題は「光」。

世界に類のない国民参加の文化行事といわれる宮中の歌会始(P.16参照)。当日は、宮殿からテレビの中継放送が行われるのが恒例となっている。詠進歌とは、天皇の定めたお題を詠み込んだ歌であるが、かつての「庭上鶴馴」(明治13年)、「旭光照波」(大正11年)、「社頭寒梅」(昭和20年)などに比べ、先の大戦後は、詠進を広く求めるために昭和22年の「あけぼの」からお題が平易になった。平成24年のお題は「岸」で、歌に詠む場合は「岸」の文字が詠み込まれていればよく、「海岸」「川岸」のような熟語を使用しても差し支えないとされている。

詠進要領

1 詠進歌は、お題を詠み込んだ自作の短歌で一人一首とし、未発表のものに限ります。

2 書式は、半紙(習字用の半紙)を横長に用い、右半分にお題と短歌、左半分に郵便番号、住所、電話番号、氏名(本名、ふりがなつき)、生年月日及び職業(なるべく具体的に)を縦書きで書いてください(書式図参照)。無職の場合は、「無職」と書いてください(以前に職業に就いたことがある場合には、なるべく元の職業を書いてください)。 なお、主婦の場合は、単に「主婦」と書いても差し支えありません。

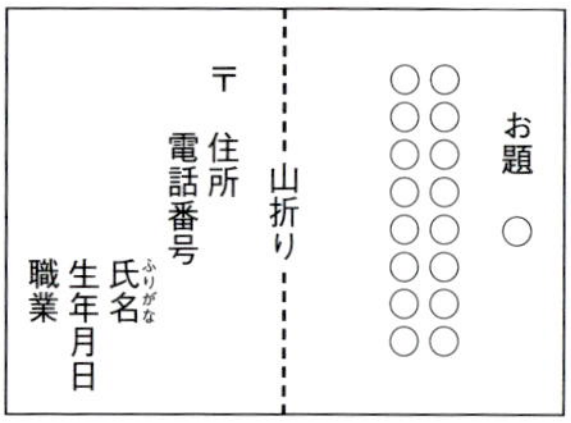

3 用紙は、半紙とし、記載事項は全て毛筆で自書してください。ただし、海外から詠進する場合は、用紙は随意(ただし、半紙サイズ24cm×33cmの横長)とし、毛筆でなくても差し支えありません。

4 病気又は身体障害のため毛筆にて自書することができない場合は下記によることができます。

(1)代筆(墨書)による。代筆の理由、代筆者の住所及び氏名を別紙に書いて詠進歌に添えてください。

(2)本人がワープロやパソコンなどを使用して印字する。この場合、これらの機器を使用した理由を別紙に書いて詠進歌に添えてください。

(3)視覚障害の方は、点字で詠進しても差し支えありません。

最近のお題及び詠進歌数等

年	お題	詠進歌数	選歌	佳作
平成20年	火	23,827	10	13
平成21年	生	22,754	10	16
平成22年	光	25,222	10	16
平成23年	葉	22,304	10	17

詠進の期間と郵便のあて先

お題発表の日から９月30日までとし、郵送の場合は、消印が9月30日までのものを有効とします。

「〒100-8111 宮内庁」とし、封筒に「詠進歌」と書き添えてください。

詠進歌は、小さく折って封入して差し支えありません。

＊詳細は宮内庁HP「歌会始の詠進要領」
http://www.kunaicho.go.jp/event/eishin.html

Ⅱ

皇室の人生儀礼としきたり

天皇家のしきたり 13

ご誕生のお祝い儀式

健やかなご成長を願う 古式ゆかしい儀式の数々

一般家庭に子どもが生まれると〝お七夜〟〝お宮参り〟などの行事が続くが、皇室でも同じようにご誕生のお祝いの儀式が行われる。女のお子さま（内親王・女王）と男のお子さま（親王・王）、また、内廷[*1]皇族と他の皇族のお子さまとでは儀式が少し違うが、主な流れは次の通りである。

ご誕生の当日か翌日に行われる最初の儀式が「御剣《ぎょけん》を賜うの儀」（賜剣《しけん》の儀）。平成18年（2006）9月6日、悠仁《ひさひと》さまは、ご誕生の当日に天皇陛下から「お守り刀」を贈られた。内親王である、敬宮《としのみや》愛子さま、眞子《まこ》さま、佳子《かこ》さまのときは、刀とともに御袴《おはかま》（目録）が添えられた。

ご誕生7日目には「命名の儀」が行われて、お名前とお印が決定。愛子さまは、同じ日に内廷皇族のお子さまのみに行われる「浴湯《よくとう》の儀」と「読書鳴弦《とくしょめいげん》の儀」にも臨まれた。その後、生後50日目以降に「賢所皇霊殿神殿《かしこどころこうれいでんしんでん》に謁するの儀」、生後120日目ごろに行われる「お箸初《はしぞ》めの儀」が続く。数え年5歳ごろに行うのは「着袴《ちゃっこ》の儀」と親王だけの「深曾木《ふかそぎ》の儀」。悠仁さまは平成23年（2011）11月にこの儀式を迎えられた。

＊1 現在、内廷皇族のお子さまは敬宮愛子さまお一人。

平成23年（2011）11月3日、秋篠宮家の悠仁さまの「着袴の儀」と「深曾木の儀」が行われた。童形服《どうぎょうふく》姿で碁盤《ごばん》の上に立たれて。

皇室のお子さま方の儀式の流れ

ご誕生
当日か翌日

「御剣を賜うの儀」
（賜剣の儀）

天皇陛下から「お守り刀」を賜り、健やかな成長を願うもので、内親王の場合は、御袴（目録）が添えられる。

読書鳴弦の儀
同時に浴湯の儀が行われている

ご誕生
7日目

「命名の儀」「浴湯の儀」「読書鳴弦の儀」

「命名の儀」が行われ、お名前とお印が決まる。内廷皇族のお子さまには、女官に抱えられながら檜《ひのき》のたらいでお湯を浴びられる「浴湯の儀」、それと同時に、衣《い》冠《かん》単《ひとえ》姿の読書役が古典の一節を読み上げ、２名の鳴弦役が「オオ」といいながら弓の弦をビュンと引き、文運と健勝を祈る「読書鳴弦の儀」が行われる。平安時代から行われている古式ゆかしい儀式である。

ご誕生
50日目以降

「賢所皇霊殿神殿に謁するの儀」

白い御初召《おうぶめし》をお召しになり、内親王は女性（愛子さまは東宮女官長、眞子さまと佳子さまは秋篠宮付侍女長）、親王は男性（悠仁さまは宮内庁御用掛）が奉抱（抱くこと）して、宮中三殿を拝礼する。

ご誕生
120日目ごろ

「お箸初めの儀」

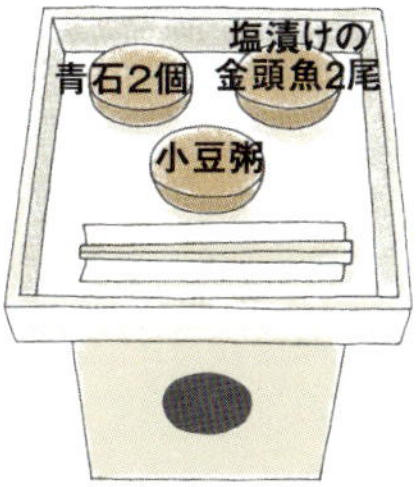

白木の三方《さんぼう》の上に小豆粥《あずきがゆ》、塩漬けにしたホウボウ科の魚「金頭魚《かながしら》」、青石を置き、小豆粥に浸した箸をお口元につける。一生食べ物に苦労しないようにと願いを込めた行事。金頭魚や青石は骨や歯が強くなるように願うものといわれる。

数え年
5歳ごろ

「着袴の儀」「深曽木の儀」

ご誕生のときに天皇と皇后から贈られた童形服と呼ばれる着物と袴を初めて身につけるのが「着袴の儀」。その後、男のお子さまは「深曽木の儀」に移り、右手に檜扇《ひおうぎ》、左手に小松《こまつ》と山橘《やまたちばな》を持ち、碁盤の上に立つ。頭髪の毛先を切り揃《そろ》えた後、碁盤の上に置かれた２個の青石を踏みつけ、「エイッ」と掛け声を出して飛び降りる。飛び降りる所作は大地に足をしっかりとつけることを意味し、石を踏むのはみそぎを象徴している。

天皇家のしきたり 14

宮名と宮家名の違い

実名を遠慮するために愛称が用いられる

天皇の直系子孫（内廷の皇子《おうじ》・皇孫）には、御名《おんな》（実名）だけでなく、「○宮」という御称号（呼名《よびな》）も付けられる。これは、尊貴な方を呼ぶのに実名を遠慮し、代わりに成人・結婚されるころまでの愛称として用いるためである。

この呼名と実名は、時の天皇が、学者の選ぶ文字から決めて、誕生7日目に「命名の儀」で授けられるのが慣例。ただ、敬宮愛子さまの場合は、天皇皇后両陛下のご意向により、皇太子さまと雅子さまが学者の挙げた候補の中から選ばれた。

一方、男性皇族が結婚などを機に天皇から賜る宮号（宮家名）は、前述の愛称と全く異なる。内廷を本家とすれば、宮家は分家に類し、宮号は一種の家名にあたる。たとえば、文仁親王は成人・結婚されて「秋篠宮」の宮号を天皇から賜り、「礼宮」の愛称は用いられなくなった。

なお、現在の皇室典範では、皇女子が一般の男子と結婚すれば、皇籍を離れる。また、宮家の子女は、実名だけで呼名が付かない。そのため、現在、皇族で両方もつのは、敬宮愛子さまのみである。

天皇陛下の直系の孫である愛子さまは「命名の儀」で、御名と御称号が授けられた。平成13年（2001）12月7日、当時の宮内庁総務課長が「御名 愛子　御称号 敬宮」と発表。

御名と御称号

	呼名　実名	由来(出典の章句)
明治天皇	祐宮《さちのみや》 睦《むつ》仁《ひと》	『周易』より「天より之《これ》を祐《たす》くは、吉にして利《よろ》しからざるなし」 『孝経』の「民、和睦《わぼく》を用あれば上下怨《うらみ》なし」か。
大正天皇	明宮《はるのみや》 嘉《よし》仁《ひと》	『大学』の「大学の道は明徳を明らかにするに在り」か。 『詩経』より「爾《じ》の威儀を敬《つつし》み、柔嘉《じゅうか》ならざるなかれ」
昭和天皇	迪宮《みちのみや》 裕《ひろ》仁《ひと》	『書経』より「迪《みち》に恵《したが》へば吉なり」「好《よ》く問《と》はば裕《ゆたか》なり」
今上天皇	継宮《つぐのみや》 明《あき》仁《ひと》	明治3年(1870)詔書《しょうしょ》より「天神天祖、極《きょく》を立て統《とう》を垂れ、 列聖《れっせい》家を継ぎ…治教《ちきょう》、上《かみ》に明らかに、風俗、下《しも》に美《うるわ》し…」
皇太子さま	浩宮《ひろのみや》 徳《なる》仁《ひと》	『中庸《ちゅうよう》』より「浩々《こうこう》たる其《そ》の天…天の徳に達す…」
秋篠宮さま	礼宮《あやのみや》 文《ふみ》仁《ひと》	『論語』より「広く文を学び、約《やく》すに礼をもってす…」
黒田清子さん	紀宮《のりのみや》 清《さや》子《こ》	『万葉集』より「神亀《じんき》元年(724)…紀伊国に幸《みゆき》の時、 山部宿禰赤人《やまべのすくねあかひと》の作れる歌…清《きよ》きなぎさに風吹けば…」
愛子さま	敬宮《としのみや》 愛《あい》子《こ》	『孟子《もうし》』より「仁ある者は人を愛し、礼ある者は人を敬《けい》す」 ＊「敬」は、聡明(さとし)の意味から「とし」とも読む。

昭和天皇の皇女子でご結婚により皇籍を離れた方の御称号は、東久邇成子《ひがしくにしげこ》さんが照宮《てるのみや》、鷹司《たかつかさ》和子さんが孝宮《たかのみや》、池田厚子さんが順宮《よりのみや》、島津貴子さんが清宮《すがのみや》であった。

宮家名

	由来
秋篠宮《あきしののみや》	文仁親王がご結婚の折、宮家設立。平城京跡(奈良県)の西北にある、古歌にも詠まれた名所・秋篠の里に由来。
常陸宮《ひたちのみや》	昭和天皇の第2皇男子、正仁《まさひと》親王の御称号は義宮《よしのみや》。ご結婚の折、宮家創設。常陸国(茨城県)が古くから親王の任地であったことに由来。
三笠宮《みかさのみや》	大正天皇の第4皇男子、崇仁《たかひと》親王の御称号は澄宮《すみのみや》。成年式で宮号を賜られる。春日大社の近くにある御蓋山《みかさ》(三笠山)に由来。
桂宮《かつらのみや》	三笠宮さまの第2男子、宜仁《よしひと》親王が三笠宮から独立して宮家を創設された。お印の「桂」にちなむ。
高円宮《たかまどのみや》	三笠宮さまの第3男子、憲仁《のりひと》親王がご結婚の折、宮家設立。父宮ゆかりの三笠山に近い、高円山の名に由来。

昭和24年(1949)、今上天皇(写真中央)が学習院中等科第3学年在学中、向かって左側に高松宮宣仁《のぶひと》親王(大正天皇の第3皇男子)、右側に弟の義宮正仁親王(常陸宮)と一緒に。

天皇家のしきたり 15

十人十色のお印

一つひとつに想いが込められて選ばれる

皇族の方々の身の回りの小物や調度品には、名前が書かれるのではなく、お誕生のときや結婚されて皇籍に入られたときに選ばれた「お印」が使われている。

「お印を使う伝統は、江戸時代の武家の家紋から派生したとも考えられていますが、正確な由来はわかっていません。専門家がデザインした図柄をワイシャツにつけたり、お茶碗につけたりされているようです。天皇陛下のように図柄ではなく、文字自体を書くこともあるようです」

と、皇室ジャーナリストの松崎敏彌さん。

お印に選ばれるのは、ご両親のお好みやゆかりのある植物や樹木であることが多い。「天皇陛下の榮《えい》とは桐のこと。男性皇族は榮のイメージを受け継ぐ、力強い樹木のお印が選ばれています。悠仁《ひさひと》さまの高野槇《こうやまき》は、まっすぐに伸びるのが特徴の常緑樹です」（松崎さん）。ご成婚の際、皇后美智子さまはご自分のお印として最初、野菊を考えられたが、皇太子時代の陛下が、ぜひ軽井沢の白樺をと希望され、おすすめされたのだとか。お印の一つひとつに皇族の方々の想いが込められていることがわかる、とっておきの秘話である。

天皇陛下と皇后さまのご成婚25周年記念ボンボニエール。蓋《ふた》の表に天皇陛下のお印「榮」の文字、蓋の裏に皇后さまのお印「白樺」がデザインされている。ボンボニエールとは砂糖菓子を入れるための小箱で、皇室のご慶事に記念品として親しい方へ贈られる。

天皇陛下

榮

榮《えい》

皇后さま

白樺《しらかば》

皇太子さま

梓《あずさ》

皇太子妃雅子さま

ハマナス

敬宮愛子さま

ゴヨウツツジ

秋篠宮さま

栂《つが》

秋篠宮妃紀子さま

檜扇菖蒲《ひおうぎあやめ》

眞子さま

木香茨《もっこうばら》

佳子さま

ゆうな

参考図版提供:『原色樹木大圖鑑』『原色牧野植物大圖鑑』(北隆館)

悠仁さま

高野槇《こうやまき》

天皇ご一家のお印一覧

「女性は優しい花のお印が多いですね。雅子さまのハマナスは、北海道旅行のときにお気に召された花というゆかりから。紀子さまの檜扇菖蒲や愛子さまのゴヨウツツジは、那須の御用邸でよく見かける植物です」(松崎さん)。佳子さまのゆうなは、ハイビスカスの一種でオオハマボウとも呼ばれるもの。秋篠宮ご夫妻が好きな南国の花で、秋篠宮さまが鉢植えにして育てられているという。

天皇家のしきたり 16

成年式と立太子《りったいし》の礼

皇族の重要な人生儀礼と皇太子の皇位継承

皇室の方々は成年を迎えると「成年皇族」となり、ご公務を務められるが、成年となる年齢は、お立場によって異なる。

皇室典範の第22条には「天皇、皇太子及び皇太孫の成年は18年とする」と定められている。ほかの皇族方が20歳で成年となられるのに対して2年早い。皇太子、皇太孫は、天皇に代わってご公務を務める「*摂政《せっしょう》」となる場合があるため、早く公務につくことができるように、18歳で成年を迎えると解釈されている。

天皇陛下の「成年式」は、皇太子であった昭和27年（１９５２）11月10日、18歳のときに行われた。皇太子であることを内外に宣明する「立太子の礼宣制《せんせい》の儀」が同日に行われ、「皇太子成年式加冠《かかん》の儀」「朝見《ちょうけん》の儀」が、国事行為の儀式として執り行われた。

現・皇太子さまの場合は、昭和55年（１９８０）2月23日、20歳の誕生日に成年式が行われた。当時、まだ皇太子ではなく、昭和天皇の皇孫という立場であったため、20歳での成年式となった。立太子の礼は、天皇陛下が皇位を継承され、ご即位に関する一連の儀式が完了した平成3年（１９９１）2月23日に国事行為として行われた。宮殿・松の間で行われた「立太子宣明の儀」には、皇族方をはじめ、首相以下国内代表者１３２人、及び各国駐日外交団１１２人が参列し、皇太子というお立場が公になったのである。

＊ 天皇に代わって政務を行うこと。

大正天皇崩御の後にご誕生の天皇陛下は生まれながらにして皇太子であったため昭和27年、18歳で立太子の礼と成年式に臨まれた。翌年にはイギリスのエリザベス女王の戴冠式に昭和天皇の名代として参列された。

立太子の礼

平成３年２月23日、「立太子宣明の儀」において、天皇皇后両陛下の前で「皇太子としての責務の重大さを思い、力を尽くしてその務めを果たしてまいります」と決意を表明される皇太子さま。この後、代々、皇太子に受け継がれてきた「壺切《つぼきり》の御剣《ぎょけん》」が天皇陛下から授けられた。

内親王の成年の行事は……

現在の皇室の人生儀礼は、ほとんどが明治時代に定められた皇室令に基づいて行われ、成年式に伴う祭儀は『皇室成年式令』に則られている。しかし、女性皇族については定めがない。天皇の皇女（娘）や女性の皇孫である内親王の場合、男性皇族に準じて満20歳で宮中三殿への参拝や、天皇陛下からの勲章（宝冠大綬章）の授与などが行われる。写真は平成23年（2011）10月23日、ご成年を迎えられた秋篠宮家の長女、眞子さま。ローブ・デコルテにティアラと勲章を着用されたご正装姿。

成年式

昭和55年２月23日、宮殿・春秋の間で行われた「成年式加冠の儀」。昭和天皇からいただいた燕尾纓《えんびのえい》がついた成人用の冠を載せ、あごの下で紐《ひも》を結び、両端を東宮侍従《とうぐうじじゅう》がパチン、パチンと和バサミで切り揃える儀式。

昭和34年（1959）4月10日、宮中三殿で「結婚の儀」と「皇霊《こうれい》殿《でん》神殿に謁するの儀」が厳かに執り行われ、その後、皇太子同妃時代の天皇皇后両陛下は、仮宮殿・西の間における「朝見の儀」で昭和天皇と香淳皇后に結婚の報告と御礼を伝えられた。皇后美智子さまがお召しになったローブ・デコルテの織物は白地に金糸で「王冠龍鳳」の文様が織り出されている。

天皇家のしきたり 17

ご婚約からご成婚まで

日本中が熱狂に包まれた忘れられない慶事

昭和33年（1958）11月27日午前10時、皇居内仮宮殿・東の間で開かれた皇室会議では、全会一致で、民間人の正田美智子さんを皇太子妃に推すことが決定された。天皇皇后両陛下のご結婚は、「世紀のご成婚」として今でも多くの人々の心に残る。

戦前までは、皇室親族令によって男性皇族の結婚相手は「皇族又は特定の華族の女子」という規定があったが、戦後、皇室親族令が廃止されて、その条件はなくなった。とはいえ、皇族、特に皇位継承者である皇太子の結婚のお相手には、皆が納得できる女性を選ぶことが望ましい。そのため、皇室典範では第10条に「立后及び皇族男子の婚姻は、皇室会議の議を経ることを要する」と定めている。皇室会議は皇室の重要事項を審議する最高

ご婚約が内定した後、皇太子時代の天皇陛下と皇后さま。昭和33年12月21日に東宮仮御所にて。

機関で、皇族2人、衆参両院の正・副議長、内閣総理大臣、宮内庁長官、最高裁判所長官、同判事の10人で構成される。

ご婚約が内定した後、一般の結納にあたる「納采《のうさい》の儀」、ご結婚の期日が伝えられる「告期《こっき》の儀」を経て、その間にお妃教育も行われる。そして、晴れやかなご成婚の日を迎えられるのである。

なお、天皇にも皇族にも戸籍というものはないため、一般の婚姻届の代わりに妃は「皇統譜《こうとうふ》」に新たな登録をされ、戸籍と名字を失う。

皇太子時代の天皇陛下と皇后さまのご成婚までの日取り

昭和33年11月27日
皇太子妃決定の皇室会議
皇太子の婚姻は、議員10人で組織する「皇室会議」で決定される

↓

昭和34年1月14日
納采の儀
一般の結納にあたる儀式

↓

昭和34年3月16日
告期の儀
結婚式の日取りを伝える儀式

↓

昭和34年4月10日
結婚の儀
一般の結婚式にあたる儀式
皇霊殿神殿に謁するの儀
歴代天皇や皇族、国中の神々への奉告
朝見の儀
昭和天皇、香淳皇后に挨拶をされる儀式
ご成婚パレード
皇居から新居（東宮仮御所）までのパレード
供膳《くぜん》の儀
はじめて一緒に食事をされる儀式
三箇夜餅《みかよもち》の儀
結婚した日の夜に餅を食べる儀式

↓

昭和34年4月13〜15日
宮中祝宴の儀
関係者を招いて開かれる祝宴。平成5年（1993）の皇太子さまと雅子さまのご成婚では、「宮中饗宴の儀」として開かれた。

お妃教育　昭和34年1月13日より、ご成婚にそなえて、いわゆる「お妃教育」が始められた。千代田区三番町の宮内庁分室で約3カ月間、合計97時間の講義を受けられた。

お妃教育の内容

ご婚約中の皇太子妃教育

・習字　・和歌　・英語
・フランス語　・憲法
・礼儀作法　・宮内庁制度
・お心得　・宮中祭祀
・宮中慣習
・宮中儀式および行事
・宮中儀礼　・神宮祭祀
・日本歴史

時間は1科目につき1時間から1時間半。講師は内容ごとに大学教授や宮内庁の侍従長などが務めた。

昭和34年1月14日朝日新聞より

告期の儀　昭和34年3月16日、昭和天皇の使者として三谷侍従長が正田家を訪れ、ご婚儀の日を伝えた。

納采の儀　昭和34年1月14日、鈴木東宮大夫《とうぐうだいぶ》が正田家を訪れ、供物を届けた。一般の結納にあたる儀式。

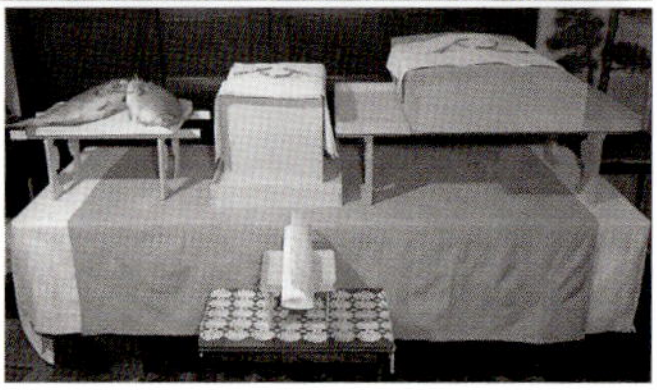

正田家に届けられた「納采の儀」の品々。

結婚の儀

昭和34年4月10日、宮中三殿の賢所に向かわれる皇太子時代の天皇陛下と皇后さま。神鏡がまつられる賢所は皇居内で最も神聖な場所であるが、このとき、初めてカメラが入り、昭和天皇と香淳皇后はテレビを通じてお二人を見守られた。皇太子だけが着用できる黄丹《おうにの》袍《ほう》と十二単姿は平安絵巻さながらの美しさであった。

ご成婚パレード

華麗なる馬車列は全長140m。馬車によるご成婚パレードは、このときが最初で、その後は行われていない。使用された儀装車２号は、昭和３年に宮内省主馬寮《しゅめりょう》工場にて製造(P.60〜63参照)。ご成婚当時は、馬車列通過のコースとなった車道はすでに舗装され、一部には路面電車が走っていたため、馬が滑らないように路面には大量の砂が撒《ま》かれた。

皇太子殿下 結婚式馬車列

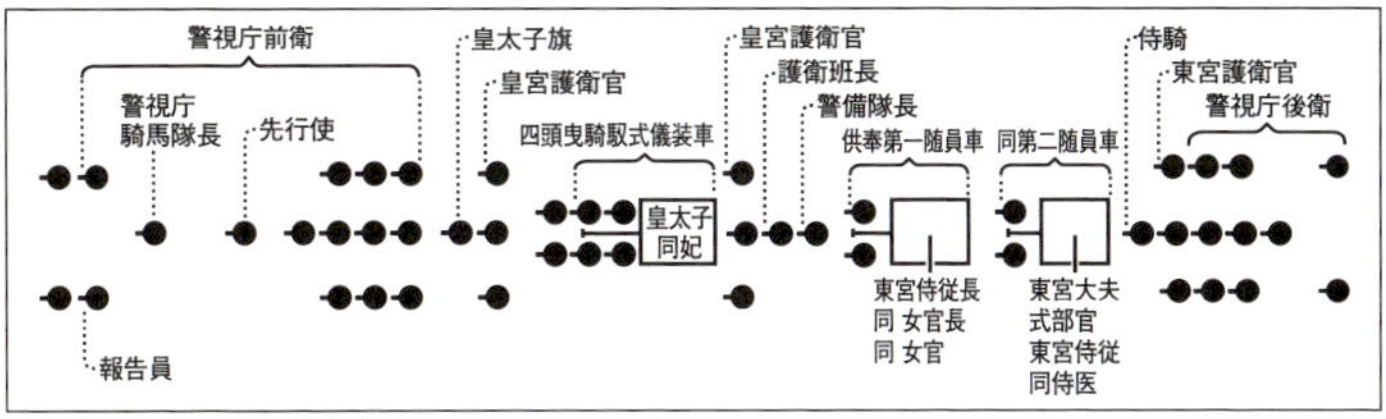

図中●印は、騎乗の護衛官等を示す

平安時代から続く「三箇夜餅の儀」

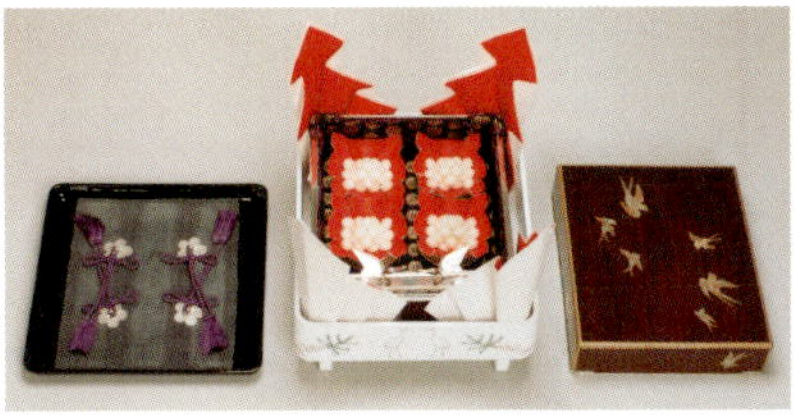

土器の皿の４枚(天皇、皇太子以外の親王のご結婚のときは３枚)に、それぞれ妃殿下の年の数だけ碁石大の餅を盛り付け、ご結婚当夜、夜御殿《よるのおとど》(御寝所)に供えられる。餅はお二人で少し食べ、残った餅はツバメ模様の螺鈿《らでん》を施した箱に納めて３日間寝室に供えられ、４日目の朝に庭の縁起のよい方角に埋められるという。

天皇家のしきたり 18

ご結婚の宮廷装束

華麗なる平成絵巻の装束の色と文様《もんよう》の由来

平成5年（1993）6月9日の「結婚の儀」で皇太子さまは黄丹袍《おうにのほう》という束帯《そくたい》を、雅子さまは十二単《じゅうにひとえ》を身にまとわれた。

「束帯 黄丹袍は、701年の『大宝律令《たいほうりつりょう》』で定められた皇太子殿下だけがご着用できる装束。黄丹とは昇りゆく朝日を表す色で、宮中の儀式で天皇陛下がお召しになる黄櫨染御袍《こうろぜんのごほう》の黄櫨染は太陽を表す色です」と宮廷装束に詳しい『青梅《おうめ》きもの博物館』の鈴木啓三副館長。

「十二単とは、十二枚の着物という意味ではなく、たくさん羽織ることからの俗称です。正式には『五衣《いつつぎぬ》・唐衣《からぎぬ》・裳《も》』といいます。平安時代より公家の女性の礼装とされ、着物の重ねに季節の草花の色を取り入れ、その色目を楽しみました。雅子さまの五衣は、薄青色、青色、白色、山吹色、濃い山吹色の『花橘《はなたちばな》』と呼ばれる初夏の重ね色目でした」

宮廷装束には、色だけでなく文様にも伝統的な決まりがあり、黄丹袍には「窠《か》に鴛鴦《おしどり》」という皇太子だけの高貴な有職《ゆうそく》文様が織られている。雅子さまの表着《うわぎ》の尾長鳥《おながどり》をはじめ、皇室の文様には、鳳凰《ほうおう》、鶴、鸚鵡《おうむ》など鳥が使われることが多い。

ご成婚が6月であったため、皇太子さまの黄丹袍は、縠《こめ》織《おり》と呼ばれる夏物。十二単は「花橘」の重ね色目で初夏の季節感を表している。

平成2年（1990）6月29日、秋篠宮さまと紀子さまの「結婚の儀」のご装束姿。秋篠宮さまは、成人男性皇族の束帯である黒色雲鶴文様の袍《ほう》をご着用。紀子さまの十二単の五衣は初夏の「白撫子《なでしこ》」の重ね色目。

皇太子さまと雅子さまの装束

束帯 黄丹袍

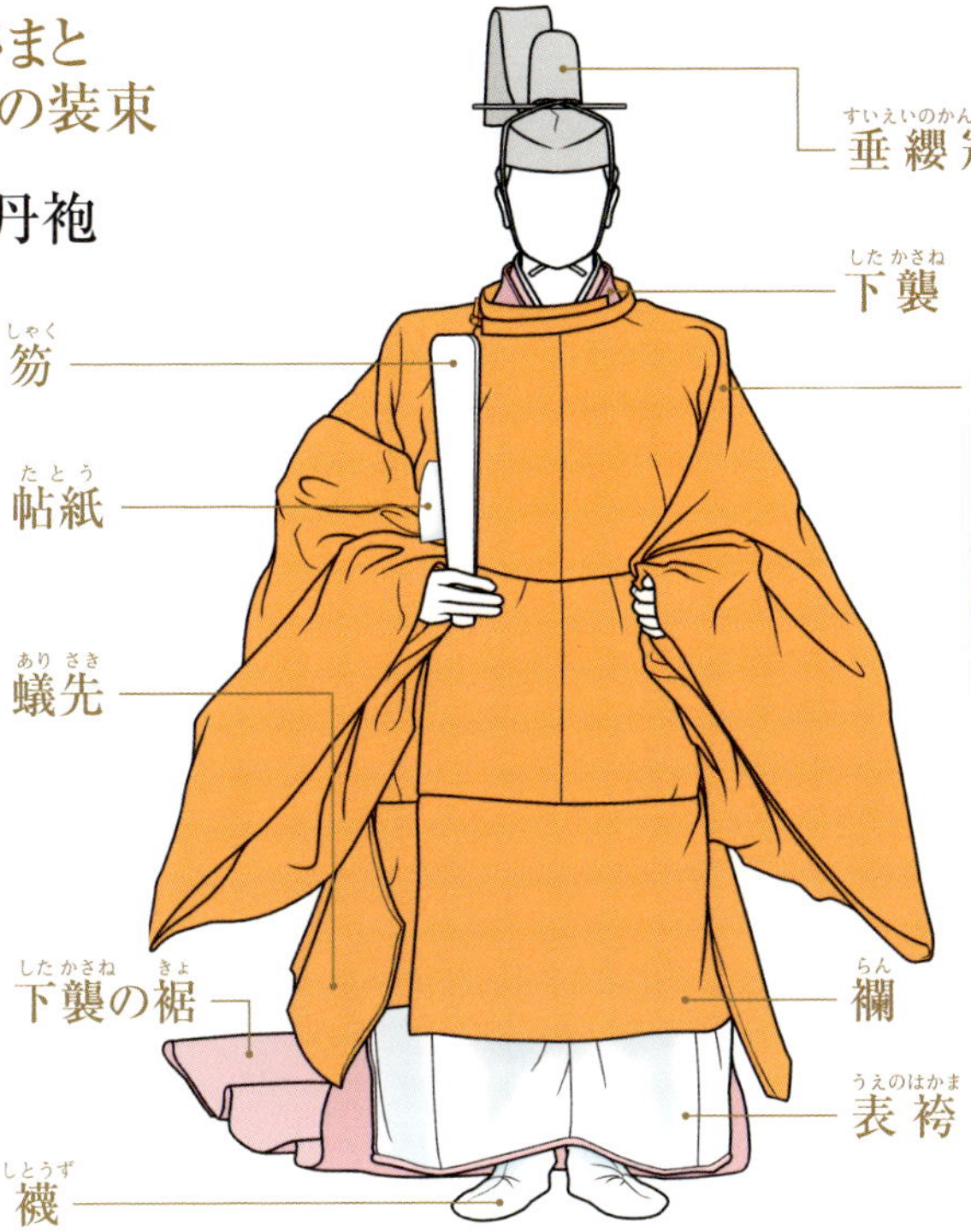

窠《か》に鴛鴦《おしどり》の御文

五衣・唐衣・裳

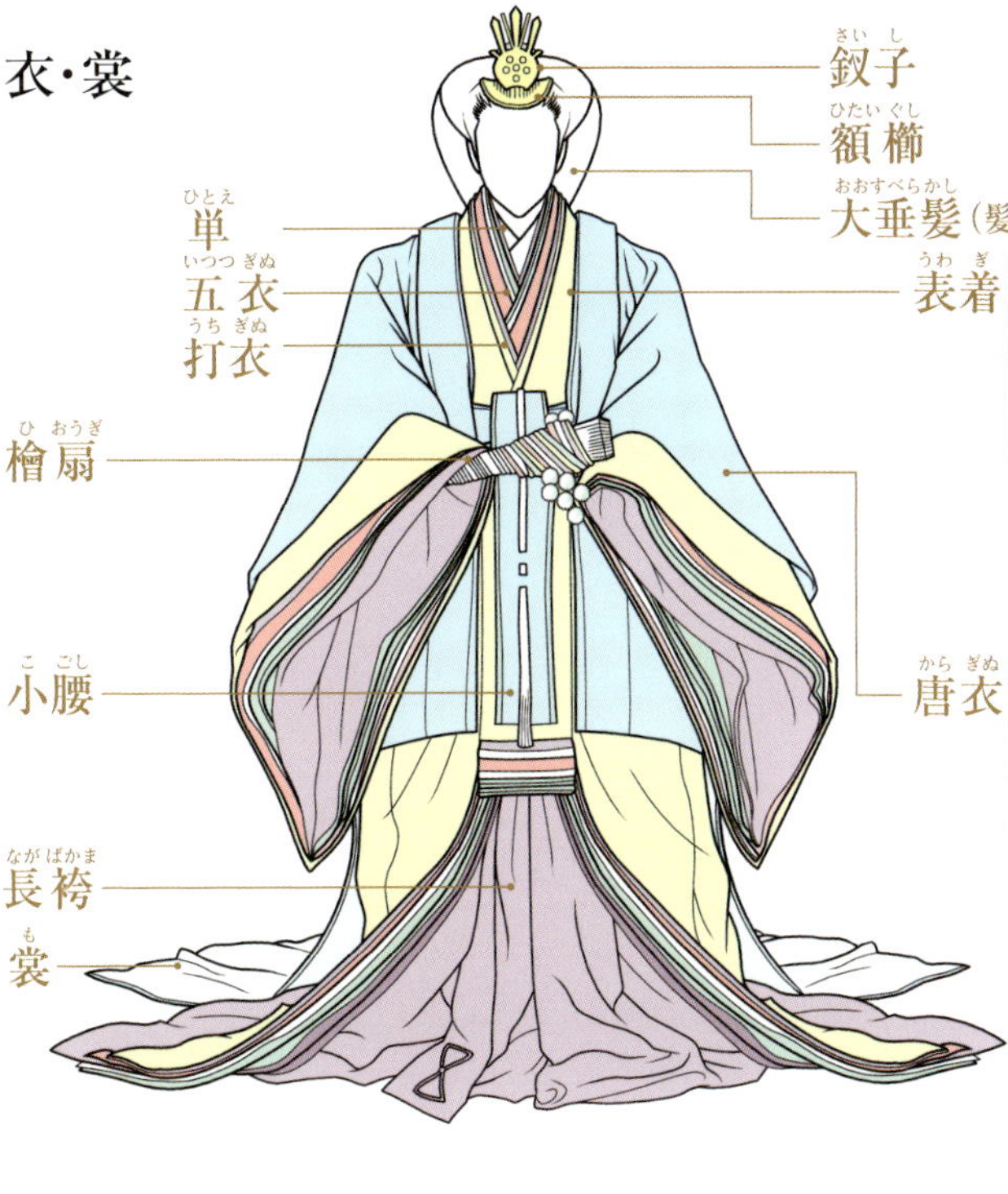

黄色の若松菱文を
地文として
紅色の南天《なんてん》を加えた
尾長鳥の丸の上文《うわもん》

青色亀甲《きっこう》を
地文として
白色で六窠《ろっか》に
支子《くちなし》の花の上文

宮廷装束の文様

格式が守られ続けてきた 高貴な有職《ゆうそく》文様

明治時代に宮中行事の多くは洋装化され、ローブ・デコルテなど華やかなドレスをお召しになることが多い女性皇族の方々だが、古来の伝統儀礼のときには、雅《みやび》やかな装束をまとわれ、洋装とはまた違った格式と気品が漂う。

平安時代以来、皇族や貴族の装束には、天皇の許し（勅許《ちょっきょ》）を得て身につけることができる色・文様・織物の種類を定めた「禁色《きんじき》」の制度があり、江戸時代末期まで厳格に守られ続けてきた。

高貴な人が身につける文様は、宮中にまつわる伝統的な行事や儀式などに関する知識がある人、つまり、「有職」の人たちのものであることから「有職文様」と呼ばれ、身分、家柄、年齢などによって用い方が決められていた。「有職文様」には、花、草、鳥、雲……植物や動物などの自然の柄を取り入れたものが多く、もとは古代ペルシャで生まれたものが、主に奈良時代に中国または朝鮮半島から伝来して、和様化。平成2年（1990）の大礼のときに調進された皇族方の装束にも、有職文様がふんだんに取り入れられている。

平成の大礼で女性皇族の装束の裳《も》に取り入れられた桐竹鳳凰文の絵柄図。
資料／衣紋道髙倉流 有職文化研究所

即位礼正殿の儀　皇后陛下御《おん》五衣《いつつぎぬ》・御《おん》唐衣《からぎぬ》・御《おん》裳《も》

皇后だけが身につけることができる最高位の色、白の御唐衣には、白小葵の地文に、紫色の向かい松喰《まつくい》鶴の丸文が織られている。御唐衣の下の御表着《おんうわぎ》には、皇后さまのお印である白樺の上文《うわもん》が。文様は、厳密に定められたものではなく、その折々で、お好みのものがデザインされていると見受けられる。

女性皇族方の装束の文様

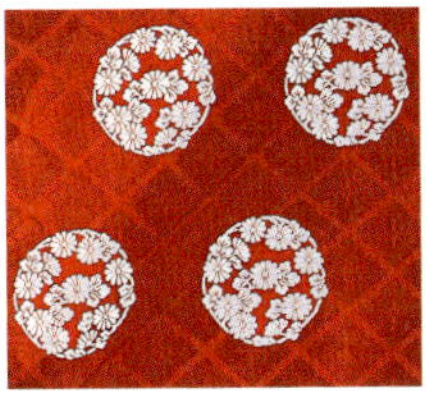

「花菱」文様を地文に「枝菊の丸」の上文

平成の大礼で、天皇皇后両陛下の伊勢神宮での親謁の儀に随行した秋篠宮妃と高円宮妃が着用された袿《うちき》の文様。

「入子菱《いれこびし》」文様を地文に「窠《か》に八葉菊」の上文

平成の大礼において宮妃、内親王の方々がお召しになった表着の文様。この表着の上に唐衣を羽織る。若年の方は同じ文様で紅色の地を着用された。

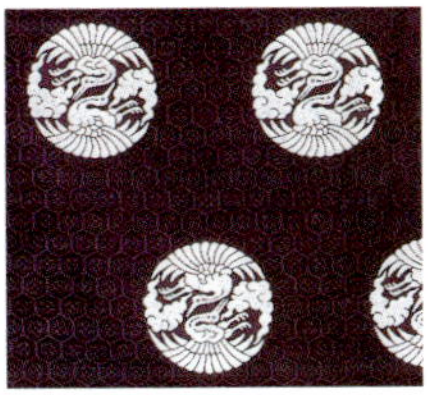

「亀甲」文様を地文に「雲に鶴の丸」の上文

平成の大礼において宮妃、内親王の方々がお召しになった唐衣の文様。この深紫色は秩父宮妃、高松宮妃、三笠宮妃が、紫色を秋篠宮妃、清子内親王、常陸宮妃、寛仁親王妃、高円宮妃が着用された。

「三重襷《みえだすき》」文様を地文に「鶴の丸」の上文

平成の大礼で皇后さまが、即位礼及び大嘗祭の期日を皇居・宮中三殿に奉告された儀式と、即位礼及び大嘗祭後の宮中三殿に親謁の儀、ならびに賢所御神楽の儀にお召しになった御小袿《おんこうちき》の文様。

天皇家のしきたり 20

慶事の馬車

明治初期、欧米文化の影響を受けて、取り入れられた馬車

平安時代から江戸時代までは、天皇や皇后が外出するときには主に「輦《れん》」と呼ばれる屋根が付いた御輿《みこし》が用いられてきた。明治初期、欧米文化の影響を受け、明治天皇がフランス公使を介して4人乗りの馬車を購入。以来、皇室では慶事のときなどに馬車が使われるようになった。

漆塗の車体に装飾が施された儀礼用の馬車は「儀装車」という。宮内庁車馬《しゃば》課には、大正3年製の儀装車1号、昭和3年製の儀装車2号、大正2年製の儀装車3号、昭和3年製の儀装車4号が現存。

このうち最も頻繁に使用されているのは儀装車4号で、外国の駐日大使が日本に着任したときに信任状を天皇陛下に捧呈《ほうてい》する儀式「信任状捧呈式」の送迎に用いられている。大使一行を皇居・宮殿まで送迎するときには、自動車か馬車を選ぶことができるのだが、ほとんどの国が馬車を選択するという。

馬車を曳《ひ》く馬は、体重800kg前後の輓《ばん》用馬が使われる。日常は皇居内で飼育調教されている馬なので、一般道を歩かせるときには安全に対する細心の注意が払われる。馬の性格や並ぶ馬の相性を考えるなど、行事の2~3週間前から宮内庁車馬課主馬《しゅめ》班が馬の調整を行っている。

儀装車1号

昭和3年(1928)11月、昭和天皇が即位大礼のときに乗車された馬車。屋根に鳳凰《ほうおう》の装飾が施されているため、「鳳凰馬車」とも呼ばれる。馬6頭で曳く「8頭立6頭曳き」で用いた。

図解・儀装車3号

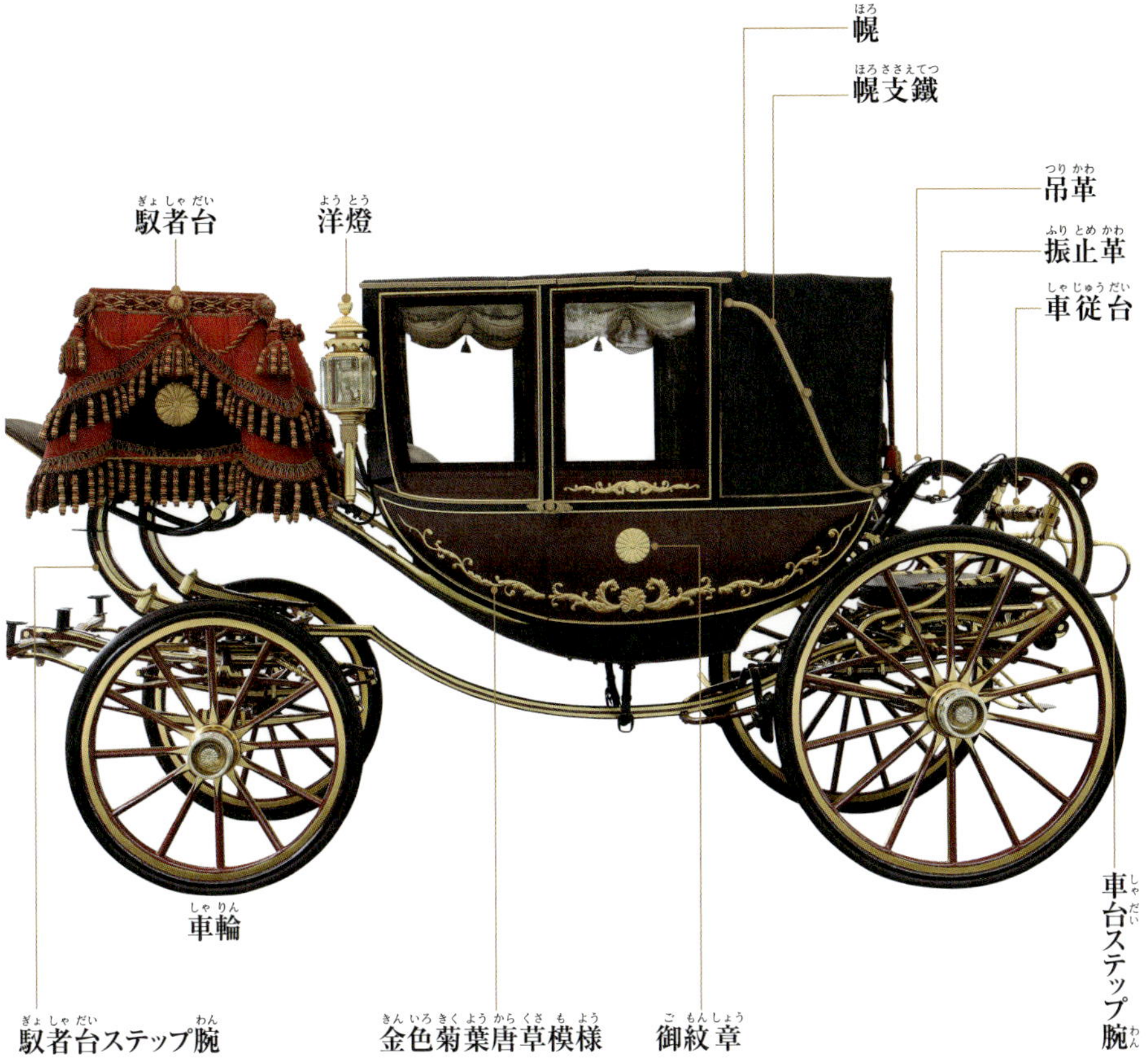

儀装車3号は、平成3年(1991)2月、皇太子さまが立太子の礼の折、皇居内の宮殿から宮中三殿へご奉告に向かわれるときに乗車。屋根中央より幌が前後に折り畳める構造になっている。

皇室の慶事に使われた馬車

儀装車2号

平成２年（1990）11月「即位礼及び大嘗祭後神宮に親謁の儀」において天皇陛下が乗車された馬車。２頭曳き。馭者《ぎょしゃ》が馬に乗って扱う「騎馭式《きぎょしき》」。

儀装車２号は、昭和34年（1959）４月のご成婚パレードでも使われた。このときは６頭立４頭曳き。後続に２台の随行員用の馬車も続き、140mの馬車列となった。

儀装車3号

「即位礼及び大嘗祭後神宮に親謁の儀」の折、皇后さまが乗車された馬車。2頭曳き。
馭者が、馬車に附属する馭者台に座って馬を操る「座馭式《ざぎょしき》」という様式。

信任状捧呈式には儀装車4号を使用

新任の外国大使を皇居近くの明治生命館から皇居内の宮殿南車寄まで送迎する儀装車4号は、2頭曳き、座馭式。随行員用の馬車も続く、華麗な大使一行の馬車列の運行は1カ月に1～2回。予定が決まれば、適宜、宮内庁ホームページなどで知ることができる。

天皇家のしきたり 21

平成の即位大礼

厳粛かつ盛大に挙げられた即位に関する諸儀式

天皇陛下は昭和64年（1989）1月7日、昭和天皇の崩御という深い悲しみのうちに皇位を継承された。代替わりの際には、①剣璽《けんじ》等承継《しょうけい》の儀[*1]（践祚《せんそ》式）、②新元号の制定（改元）、③大喪《たいそう》の礼（葬儀）、④即位の礼、⑤大嘗祭《だいじょうさい》という5つの重要な儀式が執り行われる。平成の即位に際する伝統儀式は実に700日以上に及んだ。

新天皇は、先帝の崩御から1年間、諒《りょう》闇《あん》と称する喪に服される。諒闇が明けて初めて、新天皇が位についたことを公に告げられる儀式「即位の礼」が行われるのである。平成の「即位の礼」が執り行われたのは、平成2年（1990）11月12日。午前10時、天皇皇后両陛下は宮中三殿へ参られた。次いで午後1時から、天皇陛下がご即位を内外に宣明され、内外の代表が即位を寿《ことほ》ぐ「即位礼正殿の儀」が行われた。宮殿の正殿で、平安以来の装束である黄櫨染御袍《こうろぜんのごほう》を着用された天皇陛下が「即位を内外に宣明いたします」とおことばを読み上げられると、全国民を代表して内閣総理大臣が「平成の代の平安と天皇陛下の弥栄《いやさか》をお祈りします」と寿詞《よごと》[*2]を述べた。宮殿中庭には古代中国流の色鮮やかな旛《ばん》類（P.66参照）や、弓矢を持つ王朝風の文武官装束が並び、その周囲三方の席に海外158の国と国連・EUからの賓客をはじめ、国内の各界代表など約2200名が参列して、天皇陛下の即位を祝福した。

＊1　皇位の象徴である宝剣と神璽《しんじ》（勾玉）、御璽《ぎょじ》（「天皇御璽」と刻された天皇の御印）、国璽《こくじ》（「大日本国璽」と刻された国印）が継承される儀式。践祚とは宝祚（祚は天子の登る階段）を踏むことで、皇位につく即位と本来同じ意味である。

平成のご即位・大礼の主な儀式・行事

日程	儀式・行事
践祚の式	
昭和64年1月7日	賢所の儀・皇霊殿・神殿に奉告の儀 剣璽等承継の儀
平成元年1月8日	改元(「平成」施行)
1月9日	即位後朝見の儀
2月24日	(大喪の礼・昭和天皇大喪儀)
大礼序儀	
平成2年1月23日	賢所に期日奉告の儀 皇霊殿・神殿に期日奉告の儀 神宮・神武天皇山陵及び前四代の天皇山陵に勅使発遣の儀
1月25日	神宮に奉幣の儀 神武天皇山陵及び前四代の天皇山陵に奉幣の儀
2月8日	斎田点定の儀 悠紀の地方 秋田県、 主基の地方 大分県
9月28日	悠紀斎田抜穂の儀
10月10日	主基斎田抜穂の儀
即位礼	
11月12日	即位礼当日賢所大前の儀 即位礼当日皇霊殿・神殿に奉告の儀 即位礼正殿の儀 祝賀御列の儀
11月12日～15日	饗宴の儀
11月13日	園遊会
11月18日	即位礼一般参賀
大嘗祭	
11月16日	神宮に勅使発遣の儀
11月21日	大嘗祭前一日鎮魂の儀
11月22日	大嘗祭当日神宮に奉幣の儀 大嘗祭当日賢所大御饌供進の儀 大嘗祭当日皇霊殿・神殿に奉告の儀
11月22日・23日	大嘗宮の儀 11月22日　悠紀殿供饌の儀 11月23日　主基殿供饌の儀
大饗の儀	
11月24日・25日	大饗の儀

「即位礼正殿の儀」に臨まれた天皇陛下。天皇陛下がお登りになったのは、高御座《たかみくら》といい、即位などの重要な儀式のときに用いられる玉座。四角の州浜《すはま》に神獣を描き、八角《やすみ》の柱の上に蕨手《わらびて》を立てて鳳凰《ほうおう》を載せ、垂れ幕の中に椅子が置かれている。大正の即位礼に復元されたものが、京都御所の紫宸殿《ししんでん》にあり、それを皇居・宮殿に移送して使用した。皇后用は御帳《みちょう》台《だい》と呼ばれ、少し小さいが同型である。

平成２年(1990)11月12日、即位礼当日、賢所への奉告をすませて退出される天皇皇后両陛下。神事のご装束は、天皇陛下が純白の帛御袍《はくのごほう》。皇后さまは純白の十二単《じゅうにひとえ》である帛御服《はくのごふく》。

大礼後儀	
11月27日・28日	即位礼及び大嘗祭後神宮に親謁の儀 11月27日　豊受大神宮に親謁の儀 11月28日　皇大神宮に親謁の儀
12月2日・3日・5日	即位礼及び大嘗祭後 神武天皇山陵及び前四代の 天皇山陵に親謁の儀 12月2日　神武天皇山陵に親謁の儀、孝明天皇山陵に親謁の儀 12月3日　明治天皇山陵に親謁の儀 12月5日　大正天皇山陵に親謁の儀、昭和天皇山陵に親謁の儀
12月3日	茶会
12月6日	即位礼及び大嘗祭後賢所に親謁の儀 即位礼及び大嘗祭後 皇霊殿・神殿に親謁の儀 即位礼及び大嘗祭後 賢所御神楽の儀

＊2　天皇の御代が長く栄えるよう寿ぎ祝うことば。古代から大嘗祭に中臣氏が奏上したが、近代以降は即位礼で国民代表として内閣総理大臣が奏上する。ちなみに、弥栄とは、ますます栄えるの意。

天皇家のしきたり 22

即位礼の雅《みやび》な旛《ばん》類

❶ ❷ ❹ 赤 ❺ 青 ❻ 赤 ❼ ❽

❶萬歳旛《ばんざいばん》

縦550cm×横90cm。旛は、儀式の中で荘厳な雰囲気を演出するために使われる。特に萬歳旛は、天下泰平な世の中がいつまでも続くようにとの願いを込めてつくられた。

❷日像纛旛《にっしょうとうばん》

縦550cm×横90cm。瑞雲文様赤地錦地の上に金色の太陽が刺繍で浮かび上がるデザイン。日像・月像ともに宇宙を象徴している。

平成2年11月12日、即位礼正殿の儀の様子。旛類とともに、弓や桙など儀式の威厳を示す威儀物《いぎもの》を携えた威儀物奉持者たちも宮殿中庭に整列した。

時代の変化に対応しながら荘厳な風情を醸し出す

古式の装束やしつらえなど平安絵巻さながらの光景が繰り広げられた、平成2年（1990）11月12日の即位礼正殿の儀。皇居の正殿前の中庭には26本の旛と呼ばれる、色とりどりの大きなのぼりが立ち並んだ。

即位礼の儀は、飛鳥時代以降、中国王朝風の様式が用いられてきた。それが明治の初めに、王政復古の精神により簡素な純日本風に変更された。しかし、大正以降、国内外の人々に広く即位を披露するため、壮麗な明治以前の様式に

平成の即位礼正殿の儀で使用した旛類

❾ ❼ ❻紫 ❺黄 ❹白 ❸ ❶

❽鉦《しょう》
全長182cm。火焔部《かえん》の高さ85cm。鉦の径30cm。即位礼正殿の儀で参列者に起立着席の合図に使用。

❾鼓《こ》
全長182cm。火焔部の高さ85cm。鼓の径39.5cm。即位礼正殿の儀で参列者に敬礼の合図に使用。

❺菊花章中錦旛《きっかしょうちゅうきんばん》
縦450cm×横85cm。青、黄、赤、白、紫の五色がある。各色地の上に金色の菊の御紋章が織り出されている。

❻菊花章小錦旛《きっかしょうしょうきんばん》
縦400cm×横76cm。青、黄、赤、白、紫の五色がある。各色地の上に金色の菊の御紋章が織り出されている。

❼桙《ほこ》
全長386cmで赤地雲形金襴に径15cmの巴紋《ともえ》を刺繍した鰭《ひれ》がついている。

❸月像纛旛《げっしょうとうばん》
縦550cm×横90cm。日像纛旛とは対照的に瑞雲文様白地錦地の上に銀色の月が刺繍されている。

❹菊花章大錦旛《きっかしょうだいきんばん》
縦550cm×横90cm。右方は赤地に雲がたなびく形を表した「五彩瑞雲赤地錦」に、皇室を表す金色の菊の御紋章が織り出されている。左方は白地に同じく雲がたなびく形を表した「五彩瑞雲白地錦」に、金色の菊の御紋章が刺繍されている。

新たな改良を加え、平成も大筋それに倣《なら》っている。

たとえば、旛の意匠を見ても、江戸時代までは青龍《せいりゅう》・白《びゃっ》虎《こ》など中国の伝説上の神獣が描かれていたが、明治の即位礼では、榊《さかき》に紙垂《しで》を付けた玉《たま》串《ぐし》のような幣旗《へいき》に一変。しかし、大正と昭和には、神武天皇ゆかりの八咫烏《やたがらす》や霊鵄《れいし》の形を刺繍《ししゅう》した鮮やかな大錦旛《だいきんばん》が用いられた。平成では、そのような伝説に基づく要素を省き、太陽や月、菊花紋が施されている。

即位礼にも受け継ぐものと変えるものがある。時代ごとに細やかな配慮と工夫を繰り返しながら、千数百年の伝統は続いてきたことがわかる。

悠紀殿において行う「夕の儀」に向かわれる天皇陛下。儀式の内容は、純白の御祭服《おんさいふく》を召された天皇陛下が、室内の神座《しんざ》の脇の御座の前に並べられる十数種の神饌をみずから竹箸で取って神々に供え、神恩に感謝する御告文を奏されたあと、神々からの賜り物として、その御飯と白酒・黒酒を召しあがる。

天皇家のしきたり 23

一世一代の大嘗祭《だいじょうさい》

厳粛に古式に則り行われる祭儀

平成2年（1990）11月22日、夕方から翌未明に営まれたのが、大嘗祭の「大嘗宮《きゅう》の儀」である。これは代替わり後、初めて行われる新嘗祭《にいなめさい》（P.26参照）のことで、約1年の準備を要する。まず、神饌《しんせん》となる米と粟の耕作は、2月8日、悠紀《ゆき》地方と主基《すき》地方（このときは東日本の秋田県と西日本の大分県）が古式の亀卜《きぼく》によって定められ、両地方の斎田《さいでん》（田畑）で丹念に育て収穫されたものが供納された。特設の大嘗宮は三十数棟が皇居東御苑（旧江戸城の本丸跡）に建造された。

やがて11月22日の夜6時半から9時半まで、悠紀殿《ゆきでん》において「夕《よい》の儀」、また翌23日の午前0時半から3時まで主基殿《すきでん》において「暁《あかつき》の儀」が、それぞれ厳粛に営まれた。この丁重な祭儀により新天皇としての威徳をさらに高められるという。

11月24日の昼と夜および25日の昼には、宮殿の豊明殿《ほうめいでん》で800名近い参列者に白《しろ》酒《き》・黒酒《くろき》を賜る大饗が行われた。

「即位の礼」と「大嘗祭」が終わると、天皇皇后両陛下は11月27日、28日に三重・伊勢の神宮（外宮《げくう》、内宮《ないくう》）、12月2日、3日、5日には奈良・橿原《かしはら》の神武《じんむ》天皇陵と前四代の天皇陵（京都・東山の孝明《こうめい》天皇陵、京都・桃山の明治天皇陵、東京・八王子の昭和天皇陵と大正天皇陵）へ親謁。12月6日、宮中三殿へ親謁の後、賢所で「御神楽の儀」が未明まで行われた。こうして長きにわたった平成大礼の一連の儀式が、つつがなく完了されたのである。

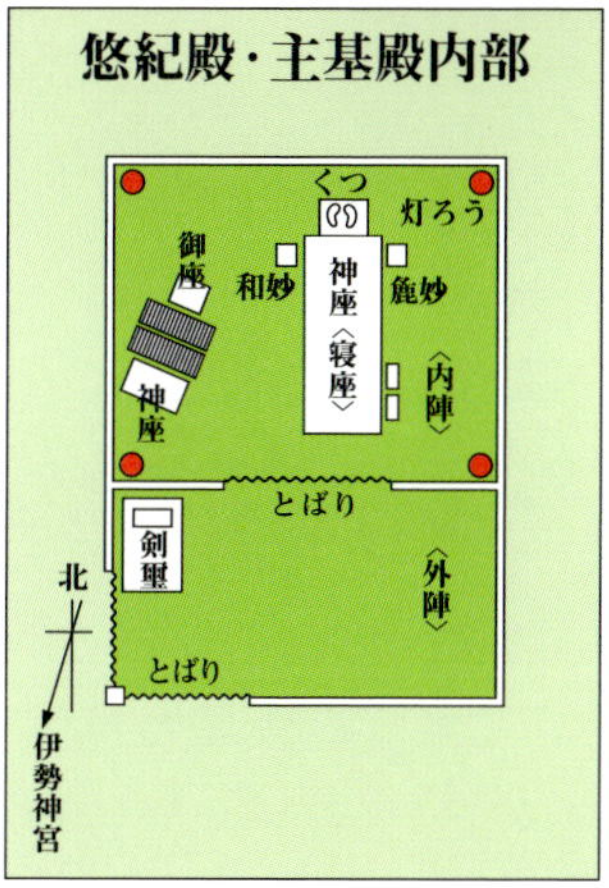

中央に神座があり、坂枕《さかまくら》、御衾《おぶすま》などを載せ、北の御沓《くつ》の左右に絹の和妙《にぎたえ》と麻布の麁妙《あらたえ》を置く。その脇に天皇と神様の食薦《すごも》を伊勢神宮の方角へ向けて設える。

大嘗宮

祭儀を営む東側の悠紀殿と西側の主基殿を中心に、天皇が潔斎《けっさい》（身を清める）し、途中で休憩される廻立殿など、三十数棟から成る。切妻・入妻の形で、屋根を茅《かや》で葺き、黒木（皮付き）の柱を掘り立て床に簀子《すのこ》と筵《むしろ》を敷き、外を常緑の柴垣で囲む。使用されるのはこのときのみで、儀式が終わると焼き払われる。なお、明治・大正時代以降の大嘗祭では、全国の都道府県から献納された米と粟を各1升（1.8ℓ）、魚介や果物などの特産物が「庭積の帳殿」に並べられた。

主基田に決定した大分県の田で稲を刈る大田主（田の所有者）たち。様々な儀式を経て、新穀は大田主自らが大嘗宮に納める。

なるほど！用語解説【大嘗祭】

神饌	神々に供える清浄な飲食物。大嘗祭や新嘗祭には、その年に収穫した米と粟を蒸した御飯（強飯《こわいい》）と炊いた御粥、米を醸してつくる白酒と黒酒をはじめ、塩で締めた鮮物（鯛・烏賊《いか》・鮑《あわび》・鮭）と干物（干鯛、堅魚《かつお》、蒸鮑、干鯵《あじ》）、及び、干柿・勝栗《かち》・生栗・干棗《なつめ》、さらに鮑と海藻の汁漬（煮付）と羹《あつもの》（吸い物）も加えられる。
亀卜	亀の甲を焼いてできた割れ目で占うこと。
白酒、黒酒	斎田から収穫された米でつくられた酒。白酒は清酒、黒酒はにごり酒。
御祭服	平安時代から天皇が大嘗祭・新嘗祭の神饌供進のときのみ、特別に着る素朴な白平絹の御袍《ごほう》。
坂枕、御衾	神に奉る薦《こも》でつくった枕と、体にかける布地の寝具類。
和妙、麁妙	神の衣服、神御衣《かんみそ》の素材。

菊の御紋の由来

平安時代から現代まで
天皇と日本を象徴してきた花

菊は、音読みも訓読みもキク。つまり、遣唐使《けんとうし》などによってもたらされた外来種だが、香り高く美しい菊の花は、平安以来の日本人にこよなく愛されてきた。

特に鎌倉初期の後鳥羽《ごとば》天皇は、若いころより菊を好まれ、自ら菊紋を刻んだ刀剣（「菊作御太刀《きくづくりのおんたち》」と称する）を鍛造《たんぞう》されたと伝えられる。事実、そのころに描かれた『北野天神縁起絵巻』にも「恩賜《おんし》の御衣《ぎょい》」の箱に菊紋が見える。

それ以降、菊紋は主に皇室で用いられたが、公家や武将などが使った例もある。これが明治4年（1871）から皇室専用とされ、大正15年（1926）「皇室儀制令《ぎせいれい》」によって、天皇と皇后、皇太后、太皇太后、皇太子・同妃、皇太孫・同妃の紋章は十六葉八重表《じゅうろくようやえおもて》菊形、ほかの皇族は十四葉一重裏《じゅうよんようひとえうら》菊形と定められた。

しかも、その御紋は天皇だけでなく、日本国のシンボルとして、戦前から引き続き在外公館の玄関やパスポートの表紙などに使われている。菊の花弁は太陽の放射線を表すという説によれば、これも「日の丸」の一種といえよう。

皇太子さまと雅子さまがご成婚の日に皇居から東宮仮御所までパレードした際に乗車されたオープンカーには十六葉八重表菊形の御紋がついている。平成5年（1993）6月9日

天皇と皇族の御紋

天皇と内廷にある方々*
（十六葉八重表菊形）

各宮家共通
（十四葉一重裏菊形）

秋篠宮家
（十四葉菊花の周辺に横向きの菊・栂《つが》の枝）

常陸宮家
（十四葉菊花の周辺に黄心樹《おがたま》）

三笠宮家

桂宮家

高円宮家

＊ 平成23年12月現在の内廷皇族は、皇后さまと皇太子さま、皇太子妃雅子さま、敬宮愛子さま。

京都・北野天満宮所蔵の国宝「北野天神縁起絵巻　承久本」は学問の神様として知られる菅原道真《すがわらのみちざね》の一生と、道真が天満宮にまつられた由来、その霊験を描いた絵巻物。大宰府《だざいふ》に左遷された道真が、醍醐《だいご》天皇より授かった「恩賜の御衣」が入った菊花紋の行李《こうり》を前に、過去の栄華と現在の不運をかみしめて涙する姿が描かれている。

「北野天神縁起絵巻　承久本」（拡大図）

御用邸の歴史と役割

避暑や避寒を目的とした風光明媚なご静養の場所

現在、皇室の別邸として利用されているのは、那須、葉山、須崎の3カ所の御用邸のみであるが、明治時代以降、24カ所の御用邸と9カ所の離宮*が設置され、時代の変遷とともに廃止されてきた。

明治期、静岡御用邸や神戸御用邸など明治天皇の地方巡幸の際の宿泊施設として設置されたものもあったが、多くは避暑や避寒を目的につくられた。それには、皇室

旧御用邸と離宮

公園や施設として建築物や跡地が保存されているところを6カ所紹介

塩原御用邸
（現・天皇の間記念公園）

明治37年（1904）設置、昭和21年（1946）廃止。大正11年（1922）から、三笠宮さまがしばしば避暑に訪ねられた。栃木県那須塩原市塩原1266-113 ☎0287・32・4037

日光田母沢御用邸
（現・日光田母沢御用邸記念公園）

明治32年（1899）造営、昭和22年（1947）廃止。昭和19年（1944）から約1年間、皇太子時代の天皇陛下が疎開されていた。栃木県日光市本町8-27 ☎0288・53・6767

箱根離宮（現・恩賜箱根公園）

明治19年（1886）造営、昭和21年（1946）神奈川県に下賜。西洋館と日本館があり、西洋館があった場所に、西洋館を模した「湖畔展望館」（写真）がつくられている。神奈川県足柄下郡箱根町元箱根171 ☎0460・83・7484

昭和45年（1970）、沼津御用邸西附属邸の庭を散策される、昭和天皇と香淳皇后。

＊ 離宮は賓客の接遇や皇室の宿泊施設として大規模な敷地・建物をもつもの。御用邸は、皇室の別荘のような存在。

の健康管理を任されていたドイツ人医師・ベルツの存在が大きい。ベルツが〝高燥の地〟と称した、温和な気候で風光明媚な場所を保養地にすることを奨励したことから、沼津、葉山、箱根などに御用邸が造営された。大正天皇が幼少期より各御用邸に滞在された記録も多く残る。戦時下では皇族の疎開先としても利用された。

明治時代、東京の皇室建築は賓客を接待するという性格上、華麗な洋館が多かったのに比べて、御用邸は簡素でくつろいだ雰囲気の和風建築が中心であった。日光田《た》母沢《もざわ》御用邸の主要建物には、元紀州徳川家の江戸中屋敷が移築されるなど、古い伝統を取り入れる建築様式も当時の皇室文化といえるだろう。

旧葉山御用邸 附属邸
（現・葉山しおさい公園）

本邸は明治27年（1894）竣工。大正８年（1919）に造営された附属邸の車寄せが公園内の「葉山しおさい博物館」に移築されている。神奈川県三浦郡葉山町一色2123-1
☎046・876・1140

箱根宮ノ下御用邸
（現・富士屋ホテル 菊華荘）

明治28年（1895）造営、昭和８年（1933）廃止。大正時代は、皇太子時代の昭和天皇が避暑に訪ねられた。神奈川県足柄下郡箱根町宮ノ下359
☎0460・82・2211

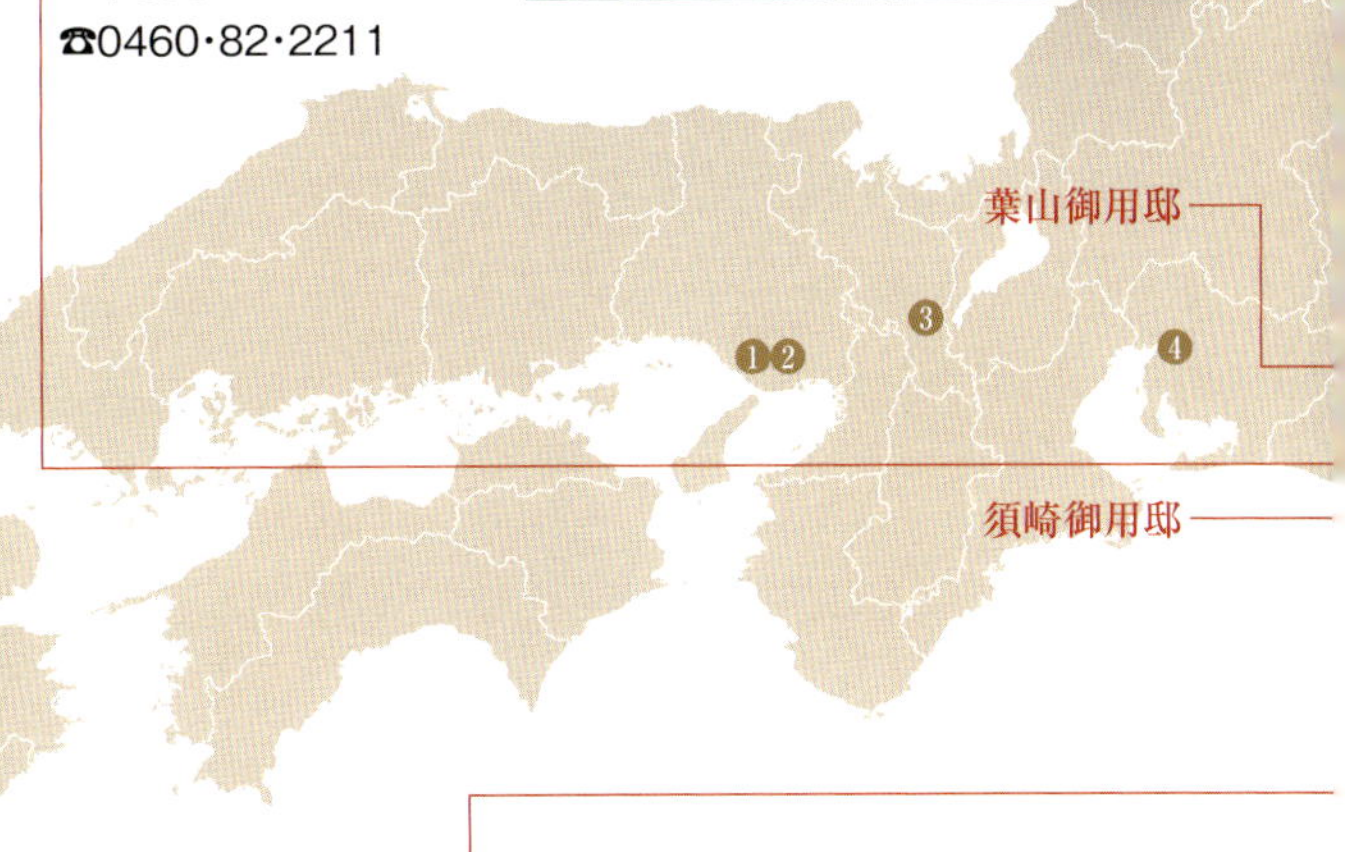

廃止された主な旧御用邸と離宮

1. 神戸御用邸
2. 武庫離宮
3. 二條離宮
4. 名古屋離宮
5. 静岡御用邸
6. 熱海御用邸
7. 小田原御用邸
8. 鎌倉御用邸
9. 横濱御用邸
10. 伊香保御料地（御用邸に準ずる）
11. 日光御用邸　など

沼津御用邸
（現・沼津御用邸記念公園）

明治26年（1893）造営、昭和44年（1969）廃止。昭和天皇や天皇陛下が幼少期より海や自然と触れ合われた場所。静岡県沼津市下香貫島郷2802-1　☎055・931・0005

天皇皇后両陛下が休日を過ごされる現在の御用邸

那須御用邸

昭和天皇が摂政の時代、大正15年(1926)に建てられ、ときには外国要人の迎賓館としても利用された。天皇皇后両陛下は、昭和天皇が恒久平和を願い始められた、キジやヤマドリの放鳥を受け継ぎ、那須の御用邸滞在中に恒例で行われている。平成になってからは、近隣の農家を訪ねて畑や牛舎をご覧になることも恒例になり、両陛下が人々とのふれあいを大切にされていることがうかがえる。平成20年(2008)、敷地のほぼ半分にあたる北側の約560万㎡が宮内庁から環境省に移管され、平成23年(2011)5月からは、「那須平成の森」として一般公開されている。

平成16年(2004)9月、那須御用邸内の嚶鳴亭で放鳥される天皇皇后両陛下。ご放鳥は、昭和時代から続く恒例行事の一つである。

昭和53年(1978)7月、那須御用邸に昭和天皇、香淳皇后をお訪ねのご一家。幼い紀宮さま(黒田清子さん)がおばあさまの香淳皇后に寄り添われて。

須崎御用邸

伊豆半島の小さな湾の高台にあり、昭和46年(1971)、旧財閥の別荘だった土地を宮内庁が購入して建てられた。温暖な土地らしく、敷地内には柑橘類の樹木も多く植えられ、鉄筋コンクリート２階建ての本邸には近くの蓮台寺温泉から温泉がひかれている。天皇皇后両陛下は盛夏に訪れることが多く、天皇陛下が海に潜られている間、皇后さまは浜辺にパラソルを立て、読書をされたり、皇太子ご一家や秋篠宮ご一家と一緒に磯遊びなどを楽しまれたりすることもあったという。平成22年(2010)には約５年ぶりに須崎に滞在された。

須崎御用邸には、生物学者としても高名であった昭和天皇がつくられた海洋研究室がある。昭和天皇は須崎の海岸で採集した貝類やヒトデ、カニなどの海洋生物を熱心に研究された。

葉山御用邸

明治27年(1894)に明治天皇の嫡母である英照《えいしょう》皇太后のために設けられたもので、現存する中で最も古い歴史をもつ。昭和46年(1971)に火災によって本邸が焼失したが、昭和56年(1981)に鉄筋コンクリート２階建ての洋館に再建された。東京からは車で１時間あまり、皇居から一番近い御用邸として、天皇皇后両陛下は年に３回ほど滞在される。御用邸の前には相模湾が広がり、浜辺や近くの林を散策されることが恒例である。平成20年(2008)９月には、天皇陛下が海で和船を漕がれ、皇后さまと秋篠宮妃紀子さま、悠仁さまが同乗された。

昭和56年(1981)に再建された葉山御用邸の内観。外観同様落ち着いた雰囲気のシンプルでモダンな造りとなっている。

天皇の葬儀 大喪《たいそう》

国民が昭和の終焉《しゅうえん》に思いを馳せた大喪の礼

昭和64年（1989）1月7日、昭和天皇が崩御された。皇室典範には「天皇が崩じたときは、大喪の礼を行う」とあるが、葬儀の詳細は定められていない。昭和天皇の「大喪儀」は、戦前の旧皇室服喪令《ふくもれい》に準ずる形で、30近くの儀式が執り行われた。特に「大喪の礼」が行われた2月24日は、実に13時間50分にもわたる諸儀式が厳粛に進められたのである。

2月24日午前7時30分ごろ、「斂葬《れんそう》当日殯宮《ひんきゅう》祭の儀」が行われると、それまでご遺体が安置されていた殯宮（宮殿・松の間）から昭和天皇の柩《ひつぎ》が一般の霊柩車にあたる轜車《じしゃ》に乗せられた。午前9時30分すぎ「轜車発引《はついん》の儀」の後、皇居を出発。陸上自衛隊による21発の弔砲が打ち鳴らされ、葬場である新宿御苑に向かった。葬列が新宿御苑に到着すると、午前10時30分すぎから「葬場殿の儀」が行われ、11時すぎには、天皇陛下が昭和天皇に哀悼の意を捧げるおことば「御誄《おんるい》」を読み上げられた。

国事行為として行われた「大喪の礼」は正午、参列者全員の黙禱《もくとう》から始められた。三権の長が弔辞を述べ、拝礼。午後1時すぎ、大喪の礼が終了すると再び柩は轜車に乗せられ、東京都八王子市の陵所《りょうしょ》（武《む》藏野《さしの》陵《のみささぎ》）へ。天皇皇后両陛下をはじめ皇族の方々は午後3時すぎから午後9時近くまで「陵所の儀」を行われたのである。

葬場殿の儀

新宿御苑に到着すると昭和天皇の柩は轜車から葱華輦《そうかれん》と呼ばれる輿《こし》に移された。古式の装束に身を包んだ皇宮護衛官51名が全長7ｍの葱華輦を担ぎ、総檜造りの葬場殿に進んだ。

大喪儀一覧

＊年が入っていないものは平成元年

1月17日(11日目)	陵所地鎮祭の儀(陵所)
1月19日(13日目)	殯宮《ひんきゅう》移御《いぎょ》の儀(殯宮)
1月20日～ 2月23日	殯宮日供《にっく》の儀(殯宮)
1月20日	殯宮移御後一日祭の儀(殯宮)
1月21日	殯宮拝礼の儀(殯宮)
1月26日(20日目)	殯宮二十日祭の儀(殯宮)
1月31日(25日目)	追号奉告の儀(殯宮)
2月5日(30日目)	殯宮三十日祭の儀(殯宮)
2月15日(40日目)	殯宮四十日祭の儀(殯宮)
2月23日	陵所祓除《ばつじょ》の儀(陵所)
	霊代《れいだい》奉安の儀(権殿)
2月24日(49日目)	斂葬《れんそう》当日殯宮祭の儀(殯宮)
	轜車発引《じしゃはついん》の儀(宮殿)
	斂葬の儀・葬場殿の儀(葬場)
	大喪の礼(葬場)
	斂葬の儀・陵所の儀(陵所)
2月24日～ 平成2年1月6日	権殿《ごんでん》日供の儀(権殿)
2月25日～ 平成2年1月6日	山陵日供の儀(陵所)
2月25日(50日目)	斂葬後一日権殿祭・
	権殿五十日祭の儀(権殿)
	斂葬後一日山陵祭・
	山陵五十日祭の儀(陵所)
3月2日(55日目)	倚廬殿《いろでん》の儀(宮殿)
4月16日(100日目)	権殿百日祭の儀(権殿)
	山陵百日祭の儀(陵所)
百日祭の後	山陵起工奉告の儀(陵所)
原則として一周年祭の前までに	山陵竣工奉告の儀(陵所)
平成2年1月7日	権殿一周年祭の儀(権殿)
(1周年目)	山陵一周年祭の儀(陵所)
関連事項	
1月8日(2日目)	御舟入《おふねいり》(吹上御所)
1月9日(3日目)	斂棺《れんかん》の儀(吹上御所)
1月19日～2月24日	殯宮祗候《しこう》(殯宮)
1月22日～1月24日	殯宮一般拝礼(宮殿東庭)
1月25日	外交団殯宮拝礼(殯宮)
2月27日から30日間	山陵一般参拝(陵所)

「殯宮」は宮殿・松の間、「権殿」は御霊代《みたましろ》(位牌《いはい》)をまつるところで宮殿・表御座所の芳菊の間があてられた。「葬場」は新宿御苑。「陵所」は武蔵野陵。

轜車発引の儀

皇居正面を出て新宿御苑に向かう轜車。皇居～新宿御苑、新宿御苑～武蔵野陵の葬列は国の行事として行われた。

御誄

葬場殿の儀において「明仁《あきひと》謹んで　御父昭和天皇の御霊《みたま》に申し上げます……」と約7分間にわたり、「御誄」を読み上げられた天皇陛下。

陵所の儀

昭和天皇の柩が武蔵野陵の石棺に納められた後、午後7時40分から陵所祭場殿で夜の儀式が行われた。

1年がかりで完成した武蔵野陵

昭和天皇の柩のおそばには、御物櫃《ぎょぶつひつ》、御挿鞋《おそうかい》など生前ご着用の衣類や履物、ご著書などが納められた。そして約1年で石造りの陵墓が完成。平成2年1月7日に、山陵一周年祭の儀が行われた。

古代からの天皇陵《りょう》

近現代の天皇陵は上円下方墳の形で築かれる

陵とは、元来「大きな丘」（丘陵）であるが、「帝王の墳墓《ふんぼ》は山の如《ごと》く陵の如し」（令義解《りょうのぎげ》*1）といわれ、山陵＝墳墓の意に用いる。皇室典範では、天皇と皇后、太皇太后、皇太后を葬る所を「陵」、それ以外を「墓」という。

7世紀ごろまでは、仁徳天皇陵のような巨大陵墓も築かれた。ところが、8世紀以降、仏式火葬の普及により天皇陵も小さな墳墓か

天皇陵の分布図

数字は葬られている天皇の数。
●は10名、●は1名を表す。
京都には北朝5代も含む。九州の神代陵は省略。
隠岐には後鳥羽天皇火葬塚、
佐渡には順徳天皇火葬塚がある。

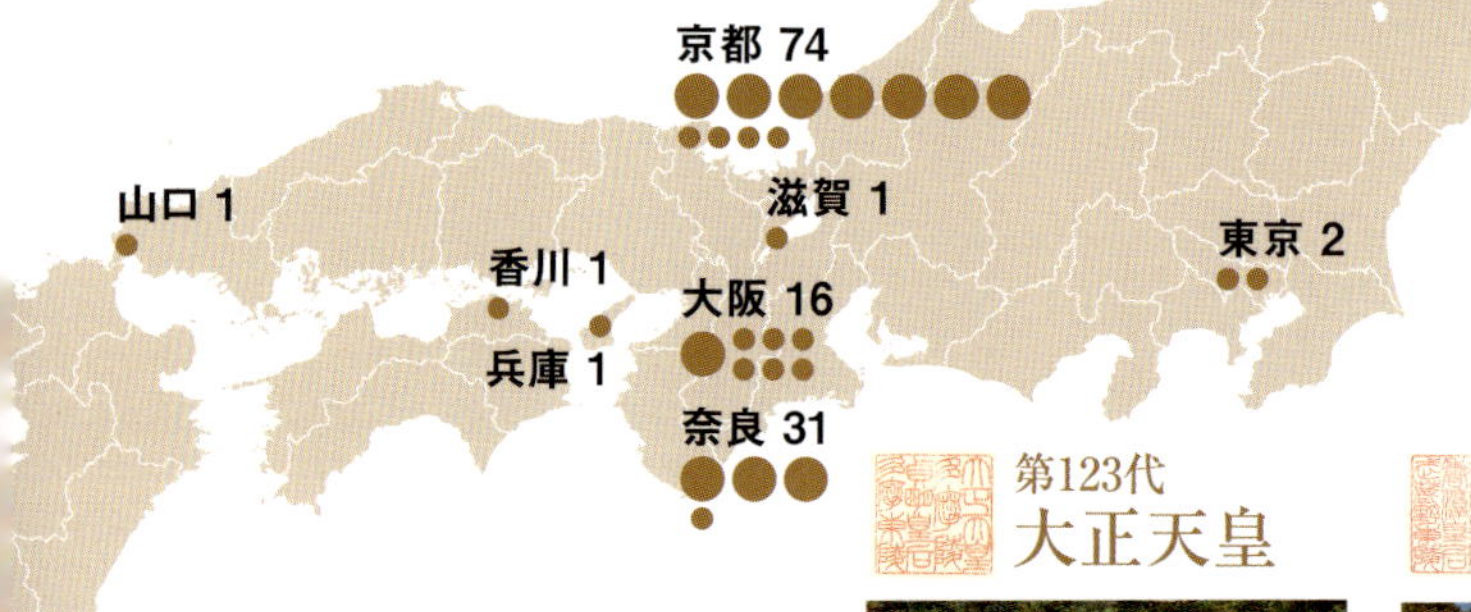

第122代 明治天皇

御陵名：伏見桃山陵《ふしみのももやまのみささぎ》　陵形：上円下方
所在地：京都府京都市伏見区桃山町古城山
隣には昭憲皇太后の伏見桃山東陵がある。第50代桓武天皇の柏原陵もすぐ近く。

第123代 大正天皇

御陵名：多摩陵《たまのみささぎ》
陵形：上円下方
所在地：東京都八王子市長房町武蔵陵墓地
歴代で初めて関東に御陵が造られた。隣には貞明皇后の多摩東陵が並ぶ。

第124代 昭和天皇

御陵名：武蔵野陵《むさしののみささぎ》
陵形：上円下方
所在地：東京都八王子市長房町武蔵陵墓地
陵墓地内には北山杉が植えられ、荘厳な雰囲気。隣には香淳皇后の武蔵野東陵が並ぶ。

石塔などが多くなった。

しかし、江戸前期の後《ご》光明《こうみょう》天皇から儒葬*2・神葬への志向が強くなり、幕末の孝明天皇から円墳の陵が復興された。

それをうけて、明治天皇・昭憲皇太后の両陵も、京都の伏見桃山に上円下方墳の形で造られた。大正15年（1926）公布の「皇室陵墓令」でも「陵形は、上円下方または円丘」と定められている。

そこで、大正天皇・貞明皇后および昭和天皇・香淳皇后の四陵も、東京・八王子市に上円下方墳で築かれた。いずれも神式の土葬である。皇后陵は、天皇陵の東脇に並び、同形だが少し小さい。

現在、陵墓の管理は、宮内庁書陵《しょりょう》部の陵墓課が担当。皇族の豊島岡《としまがおか》墓地も所管する。

天皇皇后両陛下は、例年、春の彼岸に近い時期や外国ご訪問の前後に、武蔵陵墓地を参拝されている。平成22年(2010)4月20日

第16代
仁徳天皇

御陵名:百舌鳥耳原中陵《もずのみみはらのなかのみささぎ》
陵形:前方後円
所在地:大阪府堺市堺区大仙町
墳丘の全長は486m、陵域は濠を含め約46万㎡。日本最大の古墳として知られる。

第89代
後深草天皇

後深草天皇をはじめ第92代伏見天皇、第93代後伏見天皇、第100代後小松天皇など12名の天皇を合葬しているため、深草十二帝陵とも呼ばれる。
御陵名:深草北陵《ふかくさのきたのみささぎ》　陵形:方形堂
所在地:京都府京都市伏見区深草坊町

第121代
孝明天皇

泉涌寺内には第87代四條天皇、第108代後水尾天皇とその後に続く11代の天皇の月輪陵と、第119代光格天皇、第120代仁孝天皇の後月輪陵がある。
御陵名:後月輪東山陵《のちのつきのわのひがしのみささぎ》　陵形:円丘
所在地:京都府京都市東山区今熊野泉山町 泉涌寺内

*1 平安初期に編纂された養老令の官撰注釈書。　*2 儒教・神道の方式で行われる葬儀(ともに土葬)。

コラム

皇居に行こう!

皇居東御苑においてバラの記念品種を植樹される天皇皇后両陛下。平成21年(2009) 9月。

現在、皇居は、皇居東御苑、宮殿や宮内庁庁舎などがある地区、天皇皇后両陛下のお住まいがある吹上御苑の3地区に大きく分けられる。皇居東御苑は四季折々の花の名所でもあり、江戸城の史跡や歴史をしのばせる遺構が多い。また、皇室に伝わる美術品を展示公開している三の丸尚蔵館が建ち、いずれも無料で一般公開（休園日は祝休日以外の月曜・金曜が基本）されている。

1月2日の新年一般参賀と12月23日の天皇誕生日一般参賀では、宮殿東庭の参賀会場に入場できる。当日は、天皇皇后両陛下と皇族方が長和殿ベランダにお出ましになるのが恒例である。

また、皇居一般参観や皇居吹上御苑での自然観察会など事前申込による参観ではよりいっそうの見所を楽しめる。

皇居吹上御苑自然観察会

吹上御苑の自然を国民とともに楽しみたいという天皇陛下のご発意により、「みどりの月間」の一環として5月4日(中学生以上が対象)と5月5日(小学4～6年生が対象)、また、11月19日(70歳以上が対象)に吹上御苑内で自然観察会が開催されている(日にちは2011年の場合)。国立科学博物館の研究員などの専門家が講師となり、コースは吹上御苑の滝見口門から入り、白鳥堀、駐春閣跡、観瀑亭などをおよそ1時間～1時間40分で歩く。申込申請は宮内庁ホームページを参照。

吹上御苑自然観察会での様子。

皇居一般参観は見所がいっぱい

宮内庁の窓口で、または郵便やインターネットで、皇居一般参観（無料）の申し込みを行うことができる。参観当日は桔梗門から入り、所定の経路を約2.2km徒歩で参観する。

参観資格　18歳以上。18歳未満の場合は条件があるので、要確認。

参観時間　午前10時からと午後1時30分からの1日2回実施（所要時間は約1時間15分）。

参観休止日　①土曜日、日曜日、国民の祝日・休日 ②7月21日～8月31日の午後 ③12月28日～翌年1月4日 ④行事などの実施のため支障のある日

予約の受付　参観希望日の前月1日から予約受付。申請手続きの詳細については、宮内庁ホームページで確認するか、電話で問い合わせを。

皇居全体図

III

皇室に伝わる文化としきたり

優美な雅《が》楽《がく》の演奏

千年のときを超えて受け継がれてきた風雅な調べ

日本最古の古典音楽である雅楽。日本古来の歌と舞に、古代のアジア大陸から伝来した器楽と舞が融合したもの、及びその影響を受けて新しくできた歌の総体で、平安時代中期(10世紀)にほぼ今日の形に完成した。主に宮廷、貴族社会、有力社寺などで行われてきたが、現在は、宮内庁楽部《がくぶ》が伝承する雅楽が基準となり、国の重要無形文化財にも指定されている。

ひと言で雅楽といっても、音楽の演奏のみではなく、雅楽器で合奏する「管絃《かんげん》」、音楽とともに舞う「舞楽《ぶがく》」、雅楽器の伴奏で歌う「歌謡《かよう》」の3つの演奏形態がある。

管絃は笙《しょう》・篳篥《ひちりき》・龍笛《りゅうてき》の3種の管楽器と、琵琶《びわ》と箏《そう》の2種の絃楽器、鞨鼓《かっこ》・太鼓《たいこ》・鉦鼓《しょうこ》の3種の打楽器で編成(左図参照)。演奏は管楽器が中心となり、主旋律を奏でる篳篥は「地上の人間の声」、和音を奏でる笙は「天の光」、装飾的に旋律を奏する龍笛は「天と地の間を泳ぐ龍の鳴き声」と形容される。雅楽の鑑賞というと堅苦しく思われがちだが、「まずは難しく考えず、音楽の心地よさに身をまかせるのがいいのです」と宮内庁楽部の安齋省吾《あんざいしょうご》首席楽長が、初心者への楽しみ方を教えてくれた。

雅楽は宮中の儀式、饗宴、園遊会などの行事の際に演奏される。平成9年(1997)の秋季雅楽演奏会。

管絃の演奏形式と楽器

❶ 日輪《にちりん》(日形《にちぎょう》) ❷ 月輪《げつりん》(月形《げつぎょう》) ❸ 大太鼓《だだいこ》
❹ 窠幕《かのまく》 ❺ 地敷《じしき》 ❻ 高欄《こうらん》 ❼ 笛(龍笛)
❽ 篳篥 ❾ 笙 ❿ 箏 ⓫ 琵琶
⓬ 鉦鼓 ⓭ 太鼓 ⓮ 鞨鼓

毎年、秋には皇居内で楽部による雅楽の演奏会が行われている。申込要領などは宮内庁ホームページ http://www.kunaicho.go.jp/を参照。

管絃の楽器

太鼓《たいこ》（釣太鼓《つりだいこ》）

鞨鼓《かっこ》

宮中の儀式、餐宴、園遊会等で演奏される雅楽の曲

雅楽の曲は、100余曲存在するといわれるが、長い歴史の中で、絶えてしまったり、復興したりして正確な数は定かではない。特に有名な曲は、結婚式やお正月によく聞かれる「越殿楽《えてんらく》」。また、大相撲や歌舞伎などの最終日の意味で使われている「千秋楽《せんしゅうらく》」だが、もとは、いつまでも豊穣が続くようにとの思いを込めた雅楽の曲目である。

雅楽器の伴奏で歌う声楽は「歌謡」と呼ばれ、「日本古来の歌」（神楽歌《かぐらうた》、東遊《あずまあそび》、大和歌《やまとうた》など）と「催馬楽《さいばら》」（民謡などを雅楽風に編曲したもの）、「朗詠《ろうえい》」（漢詩に旋律をつけたもの）などがある。

篳《ひち》篥《りき》

笙《しょう》

鉦《しょう》鼓《こ》

龍《りゅう》笛《てき》

琵《び》琶《わ》

箏《そう》

雅楽の源である舞楽《ぶがく》

歴代の天皇が愛でた 風流な動作と雅やかな装束

優美な宮廷文化を思い起こさせる雅楽の調べ。雅楽のうち、楽器のみの演奏形態を「管絃《かんげん》」といい、音楽に合わせて舞を伴うものを「舞楽」という。5～9世紀初頭に中国大陸や朝鮮半島から伝来した音楽舞踊が起源となったことを考えると、雅楽の原点は舞楽にあるといえる。

舞楽には、起源の系統によって、「左方《さほう》」の舞（左舞《さのまい》）と、「右方《うほう》」の舞（右舞《うのまい》）があり（P.88参照）、それらに加えて神楽《かぐら》など日本古来の原始歌謡に伴って舞う「国風舞《くにぶりのまい》」がある。

千数百年の長い歴史の中で、何度も存続の危機に遭った雅楽だが、その度に先人たちによって復興・伝承されてきた。「長い間、演奏されていない曲もありますが、再演するときは、装束、舞振《まいぶり》、譜面《ふめん》などについて古い文献や史料をひもといて準備します。平成21年（2009）には、90年ぶりに『青海波《せいがいは》』を再演しました」と、宮内庁楽《がく》部《ぶ》の安齋省吾首席楽長は語る。

両手を開いたり、遠くを指差したり、独特の動作が印象的な舞楽だが、各々の動きに意味があることはほとんどないという。「装束にもよりますが、舞人《まいにん》は、いかに袖《そで》と足捌《さば》きを美しく見せるか細心を払います。そこを見ていただければ幸いです」（安齋氏）

平成10年（1998）10月7日、宮殿・春秋の間で舞楽を鑑賞される天皇皇后両陛下と金大《キムデ》中《ジュン》大韓民国大統領（当時）夫妻。

舞楽の装束

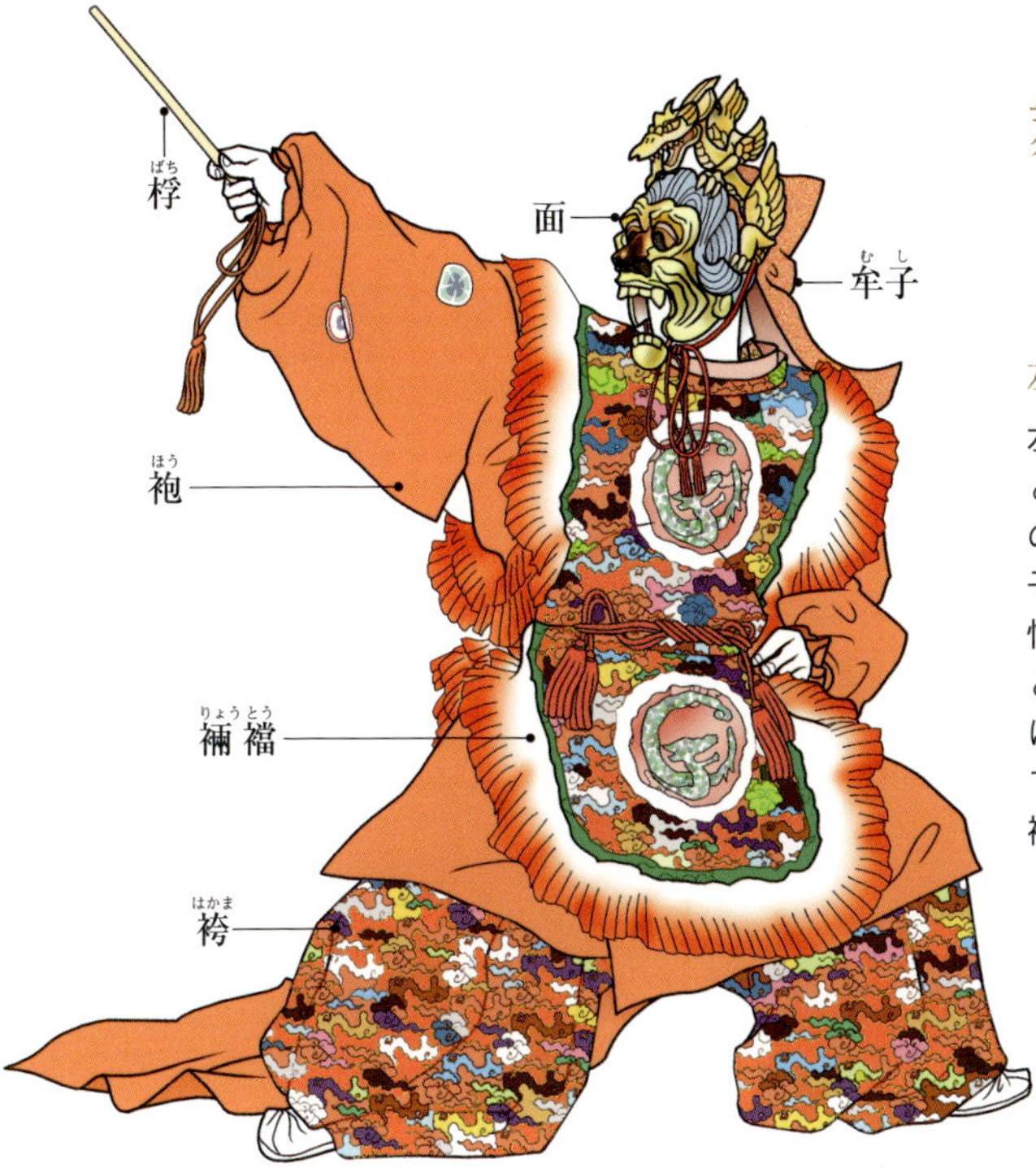

左方 陵王《りょうおう》

左方は赤色系の装束を用いることが多い。「陵王」は、中国北斉の王である蘭陵王長恭《らんりょうおうちょうきょう》は美男子であったため、戦のときには怪奇な仮面をかぶって敵を破ったという故事に基づく。このように織物の中央に首孔《くびあな》が開けられている裲襠を身に着けるものを裲襠装束という。

右方 延喜楽《えんぎらく》

右方は緑色系の装束を用いることが多い。舞楽の装束のうち最も多く用いられるのが、袍、半臂、下襲などを着用する常《つね》装束といわれるもの。曲によって諸肩袒《もろかたぬぎ》(袍の両袖をぬぐ)、片肩袒《かたかたぬぎ》(袍の右肩をぬぐ)などの着装法がある。「延喜楽」は延喜８年(908)、醍醐天皇の弟の敦実親王が作舞し、主に慶賀のときに奏でられる。

舞楽の種類

左方

中国、中央アジア、インド方面に起源を有する。舞人は向かって左の方から進み出て舞台に登る。伴奏は、通常、三管(笙《しょう》、篳篥《ひちりき》、龍笛《りゅうてき》)、三鼓(鞨鼓《かっこ》、太鼓、鉦鼓《しょうこ》)で演奏し、篳篥と龍笛の旋律に合わせて舞う。

▶『源氏物語』の中で光源氏と頭中将《とうのちゅうじょう》が帝の前で舞ったことで有名な「青海波」。舞振が難しく、二人舞の名作とされる。

右方

主に朝鮮、満州方面に起源を有する。舞人は向かって右の方から進み出て舞台に登る。伴奏は、通常、笙を用いず、龍笛に代わり高麗笛を、鞨鼓に代わって三ノ鼓を用いる。太鼓と三ノ鼓のリズムに合わせて舞う。

▼中国・崑崙《こんろん》山の仙人が王の徳を讃えて舞ったという故事による「八仙《はっせん》」。面は鶴を象徴し、舞人が輪になって回る印象的な動きがある。

日本固有の歌舞

国風舞 日本古来の原始歌謡とこれに伴う舞に基づき、平安時代に完成。神楽、東遊《あずまあそび》、大和歌《やまとうた》、久米舞《くめまい》などがある。写真は「東遊」。

平成の大嘗祭《だいじょうさい》で演じられた新作歌舞

天皇が即位して初めての新嘗祭《にいなめさい》である大嘗祭では、稲を作る斎田《さいでん》として選ばれた悠紀《ゆき》地方、主基《すき》地方のそれぞれの民謡や民舞を調べて、宮内庁楽部が作曲作舞を担当し、新作の歌舞がつくられる。平成の大嘗祭では悠紀地方は秋田県、主基地方は大分県であった。

天皇家のしきたり 30

歴代の天皇が好まれた蹴鞠《けまり》

勝敗ではなく、お互いを思いやることを美徳とする

今から約１４００年前、仏教などとともに、中国から日本に伝来したと伝えられる蹴鞠。歴代の天皇が好まれたという逸話も多く、飛鳥時代、法興寺《ほうこうじ》における蹴鞠の会で、中大兄皇子《なかのおおえのおうじ》（後の天智《てんじ》天皇）が鞠を蹴って脱げた沓《くつ》を中臣鎌足《なかとみのかまたり》（後の藤原鎌足）が拾ったのを契機に、その後の「大化の改新」（６４５年）が成就したというのは、広く知られる話である。

鎌倉時代の後鳥羽上皇《ごとばじょうこう》は「此道《このみち》の長《ちょう》者《じゃ》」と称されるほど蹴鞠を愛好された。

鞠を蹴り上げる動作はサッカーを思い起こさせるが、一般的なスポーツと違って、蹴鞠には勝ち負けがないのが特徴である。6～8名の「鞠足《まりあし》」（鞠を蹴る人）が、一心同体となって鞠を落とさずに蹴り続け、技を競うよりも、むしろ「上手な人は蹴りやすい鞠を相手に与える」とされる。

明治時代、西洋化が進む中で蹴鞠も存亡の危機に立たされたが、明治36年（１９０３）、京都に蹴鞠保存会が発足し、明治天皇より「蹴鞠を存続せよ」という勅命と御下賜金がくだされた。

現在、春と秋の京都御所の一般公開のときなどに披露されている。

蹴鞠の作法

正式には8名、もしくは場所の都合から6名の「鞠足」で行う。蹴鞠を行う場所は「鞠庭《まりにわ》」と呼ばれ、更地で約12.6m四方の一方には約3mの鞠足の座る場所を設ける。四方には松、桜、柳、楓《かえで》の木が植えられるのが正式である。鞠を蹴るときの作法も様々あるが、必ず右足で、膝は伸ばしたまま、上半身は動かさずに穏やかさを保ち、麗しく蹴らなければならない。時間の制限もなく、勝ち負けもないので、「軒《のき》」と呼ばれる最上位の鞠足が判断して終了する。

鞠と鞠箱

鞠の直径は約20㎝、重さは120～150g程度。鹿革の毛の方を内側にして、馬の背筋の革で綴《と》じ込んである。内側は空洞。湿気を嫌うため、雨天時に屋外で蹴鞠をすることはできない。

風流な蹴鞠の装束

鞠水干《まりすいかん》

鞠扇《まりおうぎ》

立烏帽子《たてえぼし》
紫《むらさき》組《くみ》懸緒《かけお》

鞠袴《まりはかま》

鴨沓《かもぐつ》

古くは平常に着用した装束のままで行われたが、後鳥羽天皇の時代から鞠専用のものが定められた。身につける烏帽子の種類、水干、袴、扇の種類や色は、蹴鞠の階級別に様々ある。また、足には、形が鴨のくちばしのように平らなことから鴨沓とも呼ばれる、韈《しとうず》(足袋の類)が縫いつけられた専用の沓を履く。

天皇家のしきたり 31

勇壮な古式馬術の伝承

様式美に満ちた伝統馬術を守るために日々、研鑽《けんさん》

あまり知られていないことだが、皇居内には厩舎《きゅうしゃ》と馬場があり、宮内庁車馬《しゃば》課主馬《しゅめ》班によって、現在(平成23年)、33頭の馬の飼育・調教が行われている。この馬たちは、主に、ご慶事などの儀式用として、また、国賓や在日外交団などの接遇や伝統文化を守るために重要な役割を担う。なかでも「母衣引《ほろひき》」、「打毬《だきゅう》」という古式馬術に使われるのは、宮内庁の馬ならではの特徴だろう。

「古式馬術は、競馬のように速く走るためのものではありません。国賓や皇室の方々などにご覧いただくために、美しく見せることも意識しています。『人馬一体』になるために、職員が自ら馬の手入れもして、日々、馬との信頼関係を築いています」(宮内庁車馬課主馬班)

明治2年(1869)、訪日したイギリスのエドワード皇太子をもてなすために、赤坂の紀州徳川家庭園で「打毬」が披露されたという記録が残る。長い歴史の中で廃絶に瀕したこともあった古式馬術だが、明治期に、国際親善の一環としての存在意義が確立され、現在に至るまで大切に保存・伝承されてきたのである。

昭和57年(1982)2月、皇太子さまの22歳のお誕生日の前に天皇陛下、皇后さま、皇太子さま、秋篠宮さまが打毬を楽しまれた。ちなみに、古代ペルシャからヨーロッパに伝わったものが「ポロ」といわれる馬術競技になった。

打毬

紀元前6世紀から5世紀にかけて古代ペルシャで生まれ、日本には8〜9世紀に伝わったといわれる。奈良・平安時代には、宮中行事の「端午《たんご》の節会《せちえ》」の娯楽として行われていたが、一度、衰退・廃絶。江戸時代に徳川吉宗が復興したものが、現在、宮内庁に伝承されている。騎手は、陣羽織に袴、手甲、足袋に陣笠姿。地面に置かれた紅白の毬《たま》をすくい、毬門《きゅうもん》という一つの穴に入れる競技で、紅白4〜5騎ずつに分かれ、11個先に入れたほうが勝ちとなる。

江戸時代に使われていた、「毬杖《きゅうじょう》」と呼ばれる竹製の杖(ステッキ)と紅白の毬。紅白どちらかが11個の毬を毬門に入れると、最後に紅白の地に十文字が入った、揚毬《あげだま》が投入される。　「打毬具一式」徳川美術館所蔵

母衣引

白と緑(春を表す)、白と赤(秋を表す)に染められた、約10mの長い布である吹き流しの「母衣《ほろ》」を「序《じょ》」、「破《は》」、「急《きゅう》」の3段階の馬の速度に合わせて伸ばしていき、地面に着かないようにたなびかせる。由来は諸説あるが、「母衣」は、平安時代から室町時代に戦場で矢が当たらないように身を守るために使われた武具、あるいは戦袍(マント)で、「母衣」を引くことが、江戸時代に様式美を表す馬術として確立したといわれる。

母衣引では、右前脚と右後脚を一緒に出し、次に左前脚と左後脚を一緒に出す、「側対歩《そくたいほ》」という独特の方法で馬を走らせる。側対歩は、馬の揺れが少ないのが特徴。騎手は紋付・袴・白足袋姿。

昭和15年（1940）、紀元2600年記念観兵式で愛馬「白雪」号に乗った昭和天皇。写真左から３人目は三笠宮さま、５人目の海軍服姿は高松宮さま。

天皇家の馬術のたしなみ

明治天皇は、西郷隆盛によって乗馬好きの質実剛健な性格に鍛えられたといわれる。近代以降の天皇は馬に親しんできた。病弱であった大正天皇は、幼少期から体力向上のために、静養先などで乗馬をされた。昭和天皇は10歳のときにはすでに乗馬をたしなみ、13歳からの教育の場であった東宮御学問所では、「馬術」という科目も設けられた。天皇陛下も乗馬好きで知られる。学習院高等科在学中に馬術部主将を務め、ご結婚後は、お子さま方が幼少の頃からご一家で乗馬をたしなまれた。だが、即位してからは、ご公務に支障をきたさぬよう乗馬は控えられた。今では時折、皇太子ご一家が皇居の馬場や御料牧場で乗馬を楽しまれている。

皇太子さまが22歳の誕生日の前に、乗馬を行ったときの写真。平成７年（1995）にはオマーン国王からアラブ種の馬が贈られた。

学習院高等科在学中に馬術部主将を務め、関東リーグ選で優勝を果たした腕前をもつ天皇陛下。昭和26年（1951）学習院馬場にて。

御《ご》料《りょう》鵜《う》飼《かい》の季節

皇室によって守られた神聖な古代漁法

鵜を使って川魚を獲る漁法、鵜飼。その歴史は古く、7〜8世紀に編まれたといわれる『万葉集』にも鵜飼について詠んだ歌がある。現在、全国で最も有名な鵜飼の場所は岐阜県長良川《ながらがわ》。戦国時代、織田信長がこの地で鵜飼をする漁師のことを「鵜匠《うしょう》」と名づけたといわれる。

江戸時代には徳川家康の保護を受けたが、明治維新とともに衰退。

とも乗り
鵜舟を操縦する船頭。

約1300年、受け継がれてきた
鵜飼の役割と道具を詳細図解

闇夜の中、篝火で川面を照らして、鵜に魚の居場所を知らせる。鵜匠は「ホウ、ホウ、ホウ」という掛け声で鵜を励まし、船頭が時おり櫂《かい》で舟べりをたたく音が響く。鵜は8〜12羽が基本。

長良川に夜の帳《とばり》が下りると鵜飼が始まる。1300年前から変わらない幽玄な世界。観光鵜飼も行われている。

消滅の危機にあったところ、明治23年（1890）に鵜匠を宮内省の職員とし、長良川に御料場を設置して鵜飼が続けられるようにした。岐阜の鵜匠は世襲制で、第18代鵜匠の足立陽一郎《あだちよういちろう》さんは「一匹でも多く、良い鮎《あゆ》をお届けできるように鵜を養い、川に感謝すること」を受け継いできたと語る。

「神武天皇が行く末を占うために甕《かめ》を川に沈めると、鮎が無数に浮かび上がってきたという話も。その年の吉凶を鵜の挙動で占ったり、鮎も鵜も、古くより神聖なものとされていたようです」（足立さん）

長良川の鵜飼は毎年5月11日から10月15日まで。期間中、上流の小瀬《おぜ》（立花地区）と下流の長良（古《ふる》津《つ》地区）で年8回、御料鵜飼が行われ、皇室に鮎が届けられる。

鵜匠
鵜を飼い、操って魚を獲る人。
篝火《かがりび》
鵜飼の照明。松の割木を燃やす。
手縄《たなわ》
鵜を操るときに使う縄。

鵜匠の装束

風折烏帽子《かざおりえぼし》
篝火から頭髪を守る。
胸あて
火の粉や松ヤニの油をよける。
漁服《りょうふく》
黒、または紺色の木綿でできている。
腰蓑《こしみの》
ワラ製で防水・防寒の役割をもつ。
足半《あしなか》
ふつうのワラジの半分の長さ。魚の脂などで滑らないために履く。

小瀬鵜飼第18代鵜匠・足立陽一郎さん

天皇家のしきたり 33

鴨《かも》場《ば》での賓《ひん》客《きゃく》接待

秋から冬にかけて招待客が伝統鴨猟を体験

江戸時代、将軍家や大名家では網《あみ》や鷹《たか》を使って、野生の鴨を捕獲する猟が行われていた。明治天皇はこの鴨猟を大層好まれ、新宿植物御苑（現・新宿御苑）や浜離宮に鴨場を造り、しばしば鴨猟を催された。明治22年（1889）12月、各国公使夫妻とその家族が浜離宮の鴨場に招待されたのを始まりに、現在も、皇室の国際親善や賓客の接待の場所として、鴨場が使われている。

鴨場接待の期間は毎年11月15日から翌年2月15日まで。宮内庁の埼玉鴨場（埼玉県越谷市《こしがやし》）と新浜《しんはま》鴨場（千葉県市川市）に各国の外交使節団の長をはじめ、閣僚、国会議員、最高裁判所判事など1回につき20〜30人が招かれる。午前中に始められ、宮内庁職員の先導のもと、全員で鴨の捕獲を体験。捕獲した鴨は、種類や性別を記録して放鳥し、その後、敷地内の食堂で午餐《ごさん》をいただく。午餐でふるまわれるのは食用に育てられた合鴨《あいがも》の鉄板焼きだ。

囮《おとり》となるアヒル*は毎年、雛《ひな》から育て、訓練するという。接待の期間は3カ月のみだが、賓客を迎えるための準備は、一年中休みなく続けられているのである。

＊ 真鴨を品種改良した、よく似た体色のアオクビアヒルが使われる。真鴨より少し大きい。左上図では尾が水面から出ているもの。

皇太子さまが雅子さまにプロポーズをされた場所として一躍有名になった鴨場。プロポーズされたのは新浜鴨場で、写真は平成5年（1993）12月の埼玉鴨場でのご放鳥の風景。

「元溜」と呼ばれる鴨場の池に毎年9月下旬ごろから野生の鴨が飛来してくる。

伝統的な鴨猟の方法

現在、公的に伝統鴨猟を保存しているのは宮内庁鴨場のみ。鴨場は、中心に「元溜」という大きな池があり、その周囲に「引堀」という鴨をおびき寄せて捕獲するための狭い水路が、埼玉鴨場は17本、新浜鴨場は15本並ぶ。鴨を捕らえるのには、竹に絹糸の網を張った叉手網《さであみ》を使う。

❶ 野生の鴨が、飼い馴らされたアヒルのいる池（元溜）に飛来する。
❷ アヒルが餌《えさ》をもらうために引堀に入ってくる。
❸ アヒルにつられて鴨が引堀に入ってくる。
❹ 十分な数の鴨が入ったところで、捕獲者10名が引堀の両側に5名ずつ並ぶ。
❺ 鴨が驚いて飛び立ったところを、全員で叉手網を同じ方向に振って捕獲する。

平成16年（2004）12月、常陸宮さまと華子さまがお出ましになった外交団鴨場接待。鴨は繊細な鳥なので、捕獲者である賓客10名が息を合わせて、定位置に着いたり、網を振ったりすることが、上手に捕らえるためのコツだという。約1時間、数カ所の引堀を移動しながら5～6回の捕獲が行われる。一度捕獲すると鴨が怖がるため、埼玉鴨場と新浜鴨場が交互に利用される。

コラム

皇室の文化とつながりの深い書

平安時代初期、嵯峨《さが》天皇、弘法大師、橘《たちばなの》逸勢《はやなり》が当時の書道の大家として「三筆」と称されたのはよく知られるところである。天皇のご自筆は「宸筆《しんぴつ》」と呼ばれるが、古来、和歌を詠まれるときに欠かせない書と皇室のつながりは深い。

鎌倉時代末に、伏見《ふしみ》天皇の皇子である尊円《そんえん》法親王が「尊円流（青蓮院流）」書道の開祖となり、後陽成《ごようぜい》天皇に至って「宸翰様《しんかんよう》」と呼ばれる書風となる。江戸時代中期には「宸翰様」を霊元《れいげん》天皇から有栖川宮《ありすがわのみや》職仁《よりひと》親王が相伝され、工夫を加えて有栖川流を創始した。その後、歴代天皇に伝わり、有栖川宮幟仁《たかひと》親王と熾仁《たるひと》親王は、明治天皇と昭憲《しょうけん》皇太后の書道師範になられた。

高松宮妃喜久子さまは、有栖川宮威《たけ》仁《ひと》親王の王女であった母から書道を学ばれ、常陸宮妃華子さまと秋篠宮さまに、力強い筆線と濃い墨で“豊麗優美”な風情をもつ有栖川流を伝授されている。

高松宮妃喜久子さまから有栖川流の書の指導を受けられる秋篠宮さま。

皇室の方々のご自筆の書

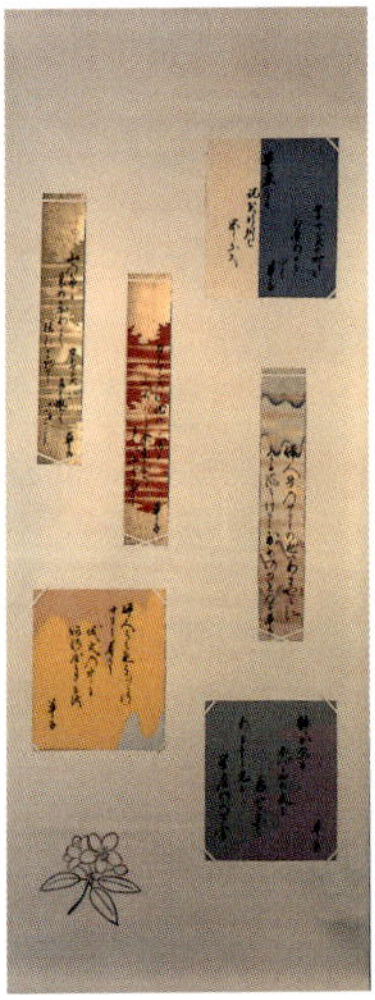

常陸宮妃華子さま
昭和45年（1970）
お歌6首

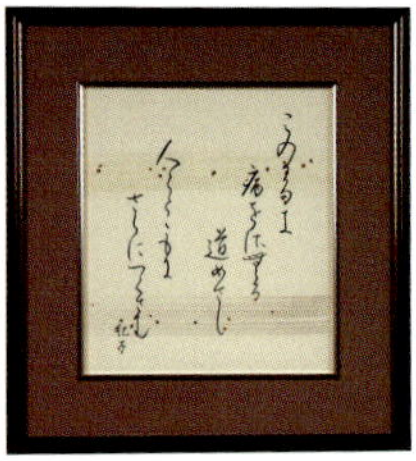

秋篠宮妃紀子さま
平成18年（2006）
このかたき病をさむる
道めざし
人らとともに
さらにつくさむ

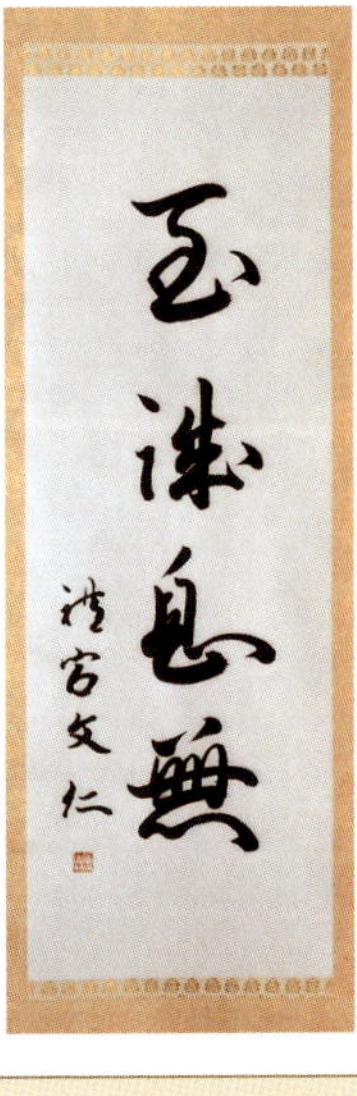

秋篠宮さま
昭和61年（1986）
至誠息無

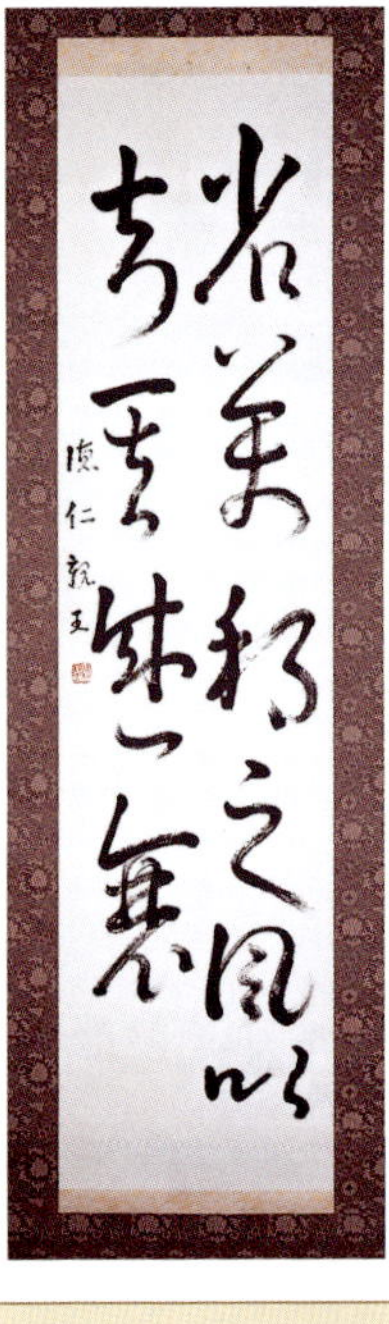

皇太子さま
昭和56年（1981）
省萬邦之風以知其盛衰

IV

皇室をとりまく伝統としきたり

天皇家のしきたり 34

神宮と全国16の勅《ちょく》祭《さい》社《しゃ》

天皇の御幣物《ごへいもつ》を奉るため勅使《ちょくし》が参向する

全国に約8万社ある神社の中で、皇室と由緒が深い神社や、歴代の天皇を祀《まつ》る神社は、「○○神宮」と称されることが多く、特別な敬いを受けている。これらの中には、重要な祭りである「例祭《れいさい》」などの折、天皇の勅使が参向する神社がある。こうした神社は「勅祭社」と通称され、現在は16社がある。特に、奈良～平安時代から続く

明治神宮

明治天皇と昭憲皇太后を祀る。例祭は11月3日。ご鎮座90周年にあたる平成22年(2010)11月に天皇陛下が参拝された。

全国の勅祭社

❶	賀茂御祖神社(下鴨神社)(京都府京都市)
❷	賀茂別雷神社(上賀茂神社)(京都府京都市)
❸	石清水八幡宮(京都府八幡市)
❹	春日大社(奈良県奈良市)
❺	氷川神社(埼玉県さいたま市)
❻	熱田神宮(愛知県名古屋市)
❼	橿原神宮(奈良県橿原市)
❽	出雲大社(島根県出雲市)
❾	明治神宮(東京都渋谷区)
❿	靖国神社(東京都千代田区)
⓫	宇佐神宮(大分県宇佐市)
⓬	香椎宮(福岡県福岡市)
⓭	鹿島神宮(茨城県鹿嶋市)
⓮	香取神宮(千葉県香取市)
⓯	平安神宮(京都府京都市)
⓰	近江神宮(滋賀県大津市)

神宮(内宮《ないくう》、外宮《げくう》)

伊勢の神宮は、皇祖神・天照大神を祀る皇大神宮《こうたいじんぐう》(内宮)を中心に、食物をつかさどる豊受大神《とようけのおおかみ》が鎮座する豊受大神宮(外宮)と、100を超える別宮・摂社・末社などからなる。宮中の新嘗祭に際して、勅使が遣わされ、「奉幣の儀」が行われる。

内宮での新嘗祭「奉幣《ほうへい》の儀」

古式ゆかしい祭事の形式を伝承している、下鴨神社と上賀茂神社の賀茂祭（葵祭《あおいまつり》）、石清水《いわしみず》八幡宮の石清水祭、春日大社の春日祭は、「三勅祭」と称される。

勅使は神社に御幣物（青、赤、黄、白、黒の5色の布と曝《さらし》の布、木綿、麻など主に布製品で構成される）を奉献し、天皇のおことばである御祭文《ごさいもん》を奏上する。「三勅祭」では、勅使に対して、神社の神職が手をうつ「返祝詞《かえしのりと》」が行われる。その後、雅楽が演じられるのが通常である。

なお、皇室と最も縁の深い神社といえば、伊勢の神宮であるが、皇室の祖神を祀ることから、勅祭社とは別格の扱いとなり、毎年の祈年《きねん》祭、神嘗《かんなめ》祭、新嘗《にいなめ》祭に勅使が参向している。

三勅祭

下鴨神社、上賀茂神社 賀茂祭(葵祭)

平安遷都以来、都を守る神を祀るとして皇室と深い関わりをもつ。毎年5月15日の例祭は葵祭として有名で、かつては御所から神社への行列を貴族たちが競って見物していた。

石清水八幡宮 石清水祭

応神天皇を主祭神とし、皇室の守り神として9世紀中ごろから重要視されてきた。9月15日の例祭である石清水祭は、深夜から明け方にかけて重要な祭事が行われる。

春日大社 春日祭

奈良時代以来、皇室と血縁関係にあった藤原氏の氏神を祀る。3月13日の春日祭の儀式は、奈良時代からの形式が残り、勅使と神社神職が神饌《しんせん》を奉る。

橿原《かしはら》神宮

神武天皇と皇后の媛《ひめ》蹈鞴《たたら》五十《い》鈴媛命《すずひめのみこと》を祀る。例祭は2月11日。

出雲大社

例祭は5月14日。国造りの神である大国主《おおくにぬしの》命《みこと》を祀る。

熱田神宮

三種の神器の一つである草薙剣《くさなぎのつるぎ》を祀る。例祭は6月5日。昭和40年(1965)には、ご結婚まもない常陸宮さまと華子さまが参拝。

天皇家のしきたり 35

神宮に贈られる神馬《しんめ》

奈良時代から続く皇室からの馬の奉納

伊勢の神宮の皇大神宮《こうたいじんぐう》（内宮《ないくう》）、豊受《とようけ》大神宮《だいじんぐう》（外宮《げくう》）では、通常、2頭ずつ神馬と呼ばれる馬が飼養されている。神馬は、古くより皇室から国家安寧などの祈願のために奉納されてきた歴史をもち、奈良時代には朝廷から毎年、両宮に5頭ずつ奉られ、そのうち2頭ずつを選んで厩《うまや》で飼う神馬にしたという。

中世期に、この「神馬牽進《けんしん》」という馬を奉納する制度は一度途絶えたが、江戸末期に復活。明治2年（1869）からは、毎年ではなく、神馬の退落《たいらく》（亡くなること）ごとに皇室から奉るように改められた。

平成23年（2011）は内宮と外宮に1頭ずつが牽進された。神馬となる馬は、宮内庁車馬《しゃば》課が、管理している乗用馬の中から馬の気性などを見極めて、総合的に判断し、候補馬を推薦したのち、天皇陛下のご内意を得て選定される。候補馬は、一旦、宮内庁御料《ごりょう》牧場で調教した後、3～6カ月後をめどに神宮に贈られるという。奉納のときには、宮内庁御料牧場場長などが参列して「御馬牽進式」と呼ばれる神事が執り行われるのが習わしである。

平成22年（2010）に牽進された「国春号」。

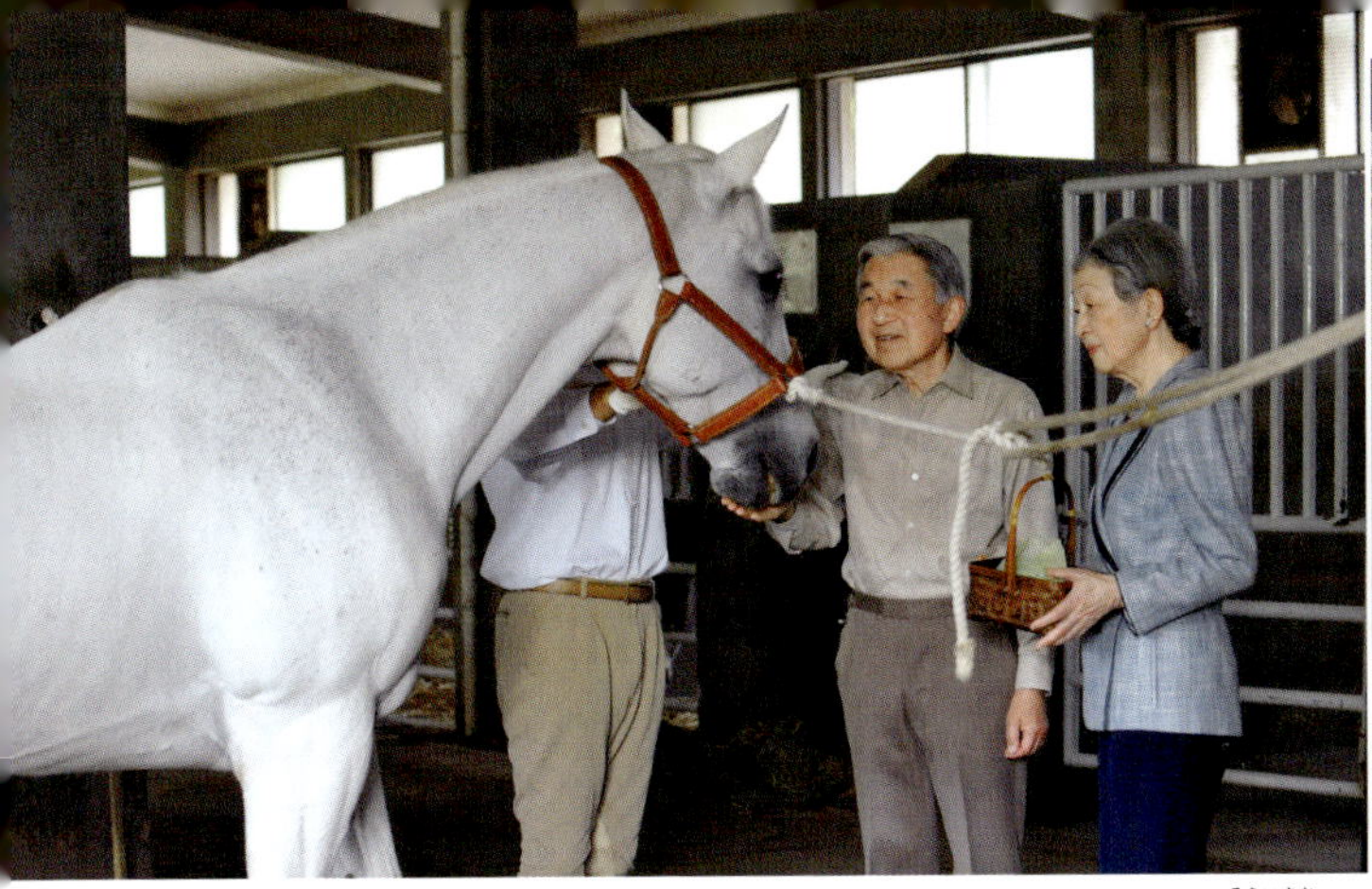

平成23年（2011）6月3日、皇居内の厩舎で神宮の神馬となる予定の「空勇《そらいさむ》号」をご覧になる天皇皇后両陛下。6月14日には皇太子ご一家が「空勇号」に別れを告げるため、厩舎を訪れられた。

平成20年（2008）10月1日、皇室から奉納された「草音号」の「御馬牽進式」が、神宮で執り行われた。金色の菊の御紋がついた馬衣をまとった芦毛の「草音号」は、平成13年（2001）宮内庁御料牧場生まれのアングロアラブ種。当時7歳。

平成以降に牽進された神馬

	馬名	毛色	期間
皇大神宮（内宮）	橋澤《はしさわ》	芦毛	平成8年7月4日～平成21年11月27日
	晴勇《はれいさむ》	芦毛	平成16年12月8日～平成23年4月12日
	国春《くにはる》	鹿毛	平成22年7月2日～
豊受大神宮（外宮）	星勇《ほしいさむ》	鹿毛	平成2年5月18日～平成9年12月30日
	丘昭《おかあき》	芦毛	平成10年7月2日～平成20年4月28日
	坂霜《さかしも》	黒鹿毛	平成10年7月2日～平成11年5月21日
	桜澤《さくらさわ》	鹿毛	平成11年10月8日～平成20年1月29日
	路新《みちしん》	鹿毛	平成20年10月1日～平成22年7月18日
	草音《くさおと》	芦毛	平成20年10月1日～

平成23年9月27日には内宮に「空勇号」（芦毛）、外宮に「笑智《えみとも》号」（芦毛）の「御馬牽進式」が執り行われた。

鹿毛《かげ》

体は全体的に茶褐色だが、たてがみ、尾、四肢の下部は黒い。

黒鹿毛《くろかげ》

鹿毛よりも黒みがかった色。胴体はやや褐色のものが多い。

芦毛《あしげ》

生まれたときは白色ではないが、歳をとるごとに白色や薄い灰色になる。

毎月1日、11日、21日の「神馬牽参《けんざん》」

厩の中にいることが多い神宮の神馬だが、毎月の1のつく日には、参道を牽《ひ》かれて正宮《しょうぐう》へ進み、参拝する「神馬牽参」という行事が行われている。毎月1日、11日、21日の午前8時ごろ、色鮮やかな頭絡と菊花紋章がついた馬衣をまとった姿を目にすることができるはずである。

正倉院宝物《ほうもつ》の勅《ちょく》封《ふう》

皇后陛下御歌　正倉院

封じられまた開かれてみ宝の
代代《よよ》守られて来《こ》しが嬉しき
平成20年（2008）

平成20年（2008）、皇后さまは天皇陛下とご一緒に、奈良国立博物館での第60回正倉院展を訪問し、併せて正倉院で宝物管理の様子をご覧になった。そのときの印象を詠まれたのが冒頭の御歌である。

正倉院*の宝庫は、奈良時代、東大寺を創建した聖武《しょうむ》天皇の遺愛の品々が納められてから現在まで、天皇の許可がなければ開け閉めができない勅封によって厳重に管理されている。現在も古式に則《のっと》り、宝庫の開閉は勅使（侍従）が派遣され、その立会いのもとに勅封を解く。

「天皇陛下の御署名をいただいた紙を、扉の錠前に麻縄《あさなわ》で複雑に巻きつけてあるのですが、封を開けたら勅使が確かめ、持ち帰って、陛下が確認されると聞いています。実体は紙一枚であっても、むやみに開けてはいけないという精神的な抑止力になり、勅封は文化財の保存に大きな役割を担ってきました」（宮内庁正倉院事務所長 杉本一樹氏）

毎年10月初旬に御開封の儀が行われて、宝庫を開くのは約2カ月のみ。その間に綿密な点検作業が行われ、一部が約2週間、奈良国立博物館で公開されている。

＊ 正倉院はもとは東大寺の倉庫であったが、明治以降、国の管理下におかれた。756年、聖武天皇崩御の後、残された光明《こうみょう》皇后が天皇の遺愛の品を盧舎那仏《るしゃなぶつ》に献納したものが、正倉院宝物の中核をなす。

麻縄の間に勅封を挟み、鉄の海老錠に巻きつける。複雑な封の作法は秘伝で受け継がれてきた。

1200年を超えて宝物を守り続けた正倉院宝庫

奈良時代から宝物を守ってきた校倉造《あぜくらづく》りの正倉。内部は、正面向かって右から北倉、中倉、南倉の３つの空間に分かれている。現在、宝物は昭和37年(1962)に完成した、空調設備が整う西宝庫に収蔵され、勅封も西宝庫の扉に施されている。

平成14年(2002)にも正倉院を訪問された天皇皇后両陛下。「正倉」外構は、正倉整備に伴い、大修理が終わる平成26年(2014)度まで公開を休止している。

天皇家のしきたり 37

初めての記念切手*

国内外に皇室の祝賀を周知させた雌雄の鶴

郵便局で発売されている、色とりどりの記念切手。日本最初の記念切手は、明治27年（1894）、明治天皇と昭憲皇太后の結婚25年の祝典のときに発行されたものであった。

明治政府は、西欧諸国では結婚25年目に銀婚式を祝うことを知り、その祝典を行うことを決定したものの先例がなく、準備は諸外国の例を調査しつつ手探りの状態で進められていた。そんなとき、横浜在留の外国人が新聞の投書で祝典記念の特別切手もしくは葉書の発行を提案。それが政府首脳部の目にとまり、初めての「特別郵便切手」を発行することになったのだった。

採用されたデザインは、中央に天皇を表す菊花紋章、その両脇に祝賀の象徴として雌雄の鶴を配したもの。鶴は、一方が口を開け、一方が口を閉じる阿吽《あうん》の姿をなしている。一般の関心も高く、外国人の評判も上々。記念切手は国内外に皇室の祝賀を周知させる有効な手段となった。これを機に、以後、皇室の重要な慶事には記念切手を発行するという慣習が築かれることになったのである。

＊ 一般には、特別切手と呼ばれた。明治4年（1871）に郵便制度が開始されて以来、普通切手の多くは、額面の数字を大きく描く実用的な図柄だった。

皇太子殿下御成婚

昭和34年（1959）4月10日発行
皇太子ご夫妻

皇太子殿下御成婚

平成5年（1993）10月13日発行
皇太子ご夫妻

大正大礼

大正4年(1915)
11月10日発行
大嘗祭《だいじょうさい》の御幘《おんさく》の冠

大婚二十五年祝典

明治27年(1894)
3月9日発行
菊花紋章に雌雄の鶴

皇室の歴史を彩る切手の数々

御即位、御成婚、御外遊など、歴代天皇と皇室の大きな節目となる行事に合わせて記念切手が発行されてきた。図柄は、皇室ゆかりの伝統文化や文様を取り入れたものが多い。戦後の高度成長とともに切手の発行数も増加。昭和34年の皇太子殿下御成婚記念の切手は、両殿下のご肖像が描かれたことも話題になり、大変な人気を呼んだ。明治初期の切手は、銅板に手彫りで原版を作成したが、今では印刷技術も飛躍的に向上して、まるで写真のような絵柄の切手も多い。

天皇陛下御在位五十年

昭和51年(1976)11月10日発行
儀装馬車

大婚五十年

昭和49年(1974)1月26日発行
宮殿

宮殿落成

昭和43年(1968)11月14日発行
新宮殿と舞楽「陵王《りょうおう》」

天皇陛下御即位二十年

平成21年(2009)11月12日発行　高御座《たかみくら》浜床《はまゆか》麒麟《きりん》
(シートには高御座浜床鳳凰《ほうおう》、菊花紋章、唐草文、黄櫨染御袍《こうろぜんのごほう》の文様が描かれている)

天皇家のしきたり 38

皇室の引出物 ボンボニエール

宮中の伝統文化が象《かたど》られた繊細で美しい工芸品

天皇の即位、立太子、お子さま方の誕生、着袴《ちゃっこ》、成年式、ご結婚など、皇室の慶事には「ボンボニエール」と称する小箱が祝宴などの引出物として用いられる。

ボンボニエールとは、フランス語でボンボン（砂糖菓子）を入れる小箱の意。

明治27年（1894）、明治天皇の大婚25年（銀婚式）の折、楕円形鶴亀文、丸形鶴亀文、鶴亀置物形の3種類の銀製菓子器が制作されたのが始まりといわれる。

銀製が中心であるが、陶器製や七宝製もあり、物資が不足していた第2次世界大戦中の昭和10年代後半には、木製や竹製のものが制作された。

大正天皇の即位の折には大嘗祭《だいじょうさい》で用いる神饌《しんせん》を盛るための柏葉の容器、昭和天皇の即位の折には雅楽の大太鼓《だだいこ》など、宮中儀式と関わりのある意匠が多いのも特徴である。平安時代以来、縁起がよいとされた鶴亀や鳳凰《ほうおう》などの吉祥《きっしょう》文様、皇太子の装束・黄丹袍《おうにのほう》の文様である「鴛鴦《おしどり》丸文」などの有職《ゆうそく》文様、また、皇室の方々のお印がデザインされたものも多い。手のひらに収まるほどの小箱の中には、皇室ならではの伝統美が集約されている。

昭和8年（1933）
天皇陛下御誕生御祝宴
犬張子形ボンボニエール
3.0×5.4　高5.0

折々の慶事のボンボニエール

数字は大きさを表す。単位cm

昭和3年(1928)
昭和大礼大饗第2日
雅楽大太鼓形ボンボニエール
4.45×4.4　高11.1

大正4年(1915)
大正大礼大饗第2日
柏葉筥形ボンボニエール
6.1×6.05　高2.9

明治27年(1894)
明治天皇大婚25年祝典
楕円形鶴亀文ボンボニエール
5.7×4.6　高1.6

平成2年(1990)
天皇陛下御即位
丸形鳳凰文ボンボニエール
径6.0　高3.4

昭和34年(1959)
天皇陛下御結婚御祝宴
丸形鴛鴦文ボンボニエール
径5.8　高2.2

写真右／昭和39年(1964)
徳仁親王殿下(皇太子さま)御着袴
碁盤形ボンボニエール
4.35×5.0　高3.0

写真中／昭和45年(1970)
文仁親王殿下(秋篠宮さま)御着袴
扇形栂《つが》文ボンボニエール
5.7×6.4　高1.4

写真左／昭和48年(1973)
清子内親王殿下(黒田清子さん)御着袴
花形未草《ひつじぐさ》文ボンボニエール
径5.7　高2.15

コラム

皇室との温かな交流、皇居勤労奉仕の力

昭和20年(1945)12月、戦時の空襲で焼失した皇居・明治宮殿の焼け跡と荒廃した地を見て、宮城県内の有志がその整理を申し出たことから始まった、皇居勤労奉仕。毎年、全国から約7000人が集まり、皇居や赤坂御用地で清掃作業や庭園作業などを行っている。

奉仕の日程は連続する平日の4日間。1日目・皇居東御苑、2日目・宮殿や宮内庁庁舎付近、3日目・吹上御苑、4日目・赤坂御用地などのように毎日、違う場所で作業を行う。

「兵庫や新潟から、震災のお見舞いで訪問された両陛下への御礼のために参加される団体さんもございますし、2年に1度、ブラジルからも日系人の奉仕団がいらしています」(宮内庁総務課)

服装は自由だが、おそろいの割烹着やジャンパーを着用している団体が多い。春〜夏の草むしり、秋〜冬は落ち葉掃きなど、季節によって重点的に行う作業も異なる。清掃だけでなく、行事の準備のため、物を運んだりする軽作業もある。

＊ 勤労奉仕の手続要領はP.133をご覧ください。

天皇皇后両陛下はご都合が許す限り、奉仕団にねぎらいのおことばをかけるご会釈(ごあいさつ)をなさる。

勤労奉仕のスケジュール例

＊ 実際に作業する場所や時間は団体ごとに異なります。

1日目	
8:00	皇居・窓明館集合 勤労奉仕についての説明を受ける
9:20	団体ごとに記念撮影
9:40	本日の作業場所、皇居東御苑へ出発
11:30	午前の作業終了、窓明館でお昼休憩
13:00	午後の作業開始
15:30	作業終了、解散
2日目	
8:15	皇居・窓明館集合
8:30	本日の作業場所、吹上御苑へ出発
11:30	午前の作業終了、窓明館でお昼休憩
13:00	午後の作業開始
14:00	天皇皇后両陛下　ご会釈
15:30	作業終了、解散
3日目	
8:15	赤坂御用地・赤坂休所集合
8:30	本日の作業場所、赤坂御苑へ出発
11:30	午前の作業終了、赤坂休所でお昼休憩
13:00	午後の作業開始
14:00	皇太子同妃両殿下　ご会釈
15:30	作業終了、解散
4日目	
8:15	皇居・窓明館集合
8:30	本日の作業場所、宮殿へ出発
11:30	午前の作業終了、窓明館でお昼休憩
13:00	午後の作業開始
15:30	作業終了、賜物をいただいて解散

皇室文化の用語解説

はじめに

皇室に関わる用語は敬語を含め、戦前は歴史的な特殊用語が決められており、「御」をつけたり、「あそばされ」「あらせられ」などをつけ加えたりする形が繁用されていた。最近は親しみやすい一般敬語や一般用語を使用することが各報道機関の基準となっているが、今日でも、宮中行事や儀式、公務や御所での日常などでは、歴史的な皇室用語、敬語が使われることが多い。その中から、皇室文化に関する用語や知識を中心に挙げる。

「御」の読み方

皇室用語における「御」という字の読み方は「ぎょ」「ご」「お」「おん」「み」の5通りである。

「ぎょ」 御製《ぎょせい》、御璽《ぎょじ》、御剣《ぎょけん》など
「ご」 御座所《ござしょ》、御名代《ごみょうだい》、御称号《ごしょうごう》など
「お」 御直衣《おのうし》、御告文《おつげぶみ》など
「おん」 御名《おんな》、御発《おんはつ》、御五衣《おんいつつぎぬ》など
「み」 御歌《みうた》、御神楽《みかぐら》など

「歌会始の儀」での呼称

毎年1月に行われる歌会始の儀においては、天皇と皇族の方々の歌の呼称は特別なものになる。

御製（おほみうた—天皇の歌）
皇后宮御歌（きさいのみやのみうた—皇后の歌）
皇太后宮御歌
（おほきさいのみやのみうた—皇太后の歌）

また、皇族方の歌の披講《ひこう》では、古来の呼称が用いられる。

東宮（ひつぎのみこ—皇太子）
東宮妃（ひつぎのみこのみめ—皇太子妃）
親王（—のみこ）
親王妃（—のみこのみめ）
内親王（—のひめみこ）

ご動静用語

行幸啓《ぎょうこうけい》 天皇・皇后が一緒に外出されること。
行幸《ぎょうこう》 天皇が外出されること。

行啓《ぎょうけい》 皇后・皇太后・皇太子・皇太子妃が外出されること。

還幸啓《かんこうけい》 天皇・皇后が一緒に行幸啓先からお帰りになること。

還幸《かんこう》 天皇が行幸先からお帰りになること。

還啓《かんけい》 皇后・皇太后・皇太子・皇太子妃が行啓先からお帰りになること。

お成《な》り 天皇・皇后・皇太后・皇太子・皇太子妃以外の皇族方が外出されること。お成り先からお帰りになることは、ご帰還という。

御所《ごしょ》ことば

室町時代以降、宮中の女官《にょかん》たちは、「御所ことば」を使っていた。時代の移り変わりにより、少しずつ使われなくなってきたが、おかちん（餅）、おっこん（酒）、おひら（鯛）などのことばは最近でも用いられている。また、おひや（冷水）、おかか（鰹）、まな（魚）板、お召しもの（着物）、おつむ（頭）、おぐし（髪）など、元は御所ことばであったものが、一般でも使われるようになったものもある。

人生儀礼

即位《そくい》

三種《さんしゅ》の神器《じんぎ》
代々天皇の証として受け継がれてきた鏡と剣と璽《じ》（勾玉《まがたま》）。

昭和天皇が、皇太子時代の東宮《とうぐう》御学問所で学ばれた「倫理」の教科書『倫理御進講草案《りんりごしんこうそうあん》』においては、「鏡は、明らかにして曇り無く、万物を照して其の正邪曲直を分ち、之《これ》を人心に比すれば則《すなわ》ち知なり。知は、鏡の物を照すが如く、善悪黒白を判断するものなり」「玉は、円満にして温潤、恰《あたか》も慈悲深き温乎《おんこ》たる人物に比すべし。是れ仁《じん》の体にして、仁とは博愛の謂《いい》なり」「剣は、勇気決断を示すもの」として、三種の神器は、知・仁・勇の三徳を実物に託すものとしている。

平成の即位の礼のときには、日本国憲法のもと、三種の神器のうち、剣と璽が承継される「剣璽等承継《けんじとうしょうけい》の儀《ぎ》」が国事行為として執り行われ、昭和天皇からの剣と璽、そして、国事行為の決済に用いられる「御璽《ぎょじ》」と

「国璽《こくじ》」が今上《きんじょう》（現在の）天皇に受け継がれた。

鏡「八咫鏡《やたのかがみ》」天照大神《あまてらすおおみかみ》が天岩屋《あまのいわや》に隠れたときに、中から誘い出すために、八百万神《やおよろずのかみ》が相談してつくったものといわれる。伊勢の神宮に安置され、宮中三殿《きゅうちゅうさんでん》の賢所《かしこどころ》に写しが置かれている。

剣「草薙剣《くさなぎのつるぎ》」スサノオがヤマタノオロチを退治したときに、大蛇のしっぽから出てきたもので、天照大神に献上された。熱田神宮に安置され、御所「剣璽の間」に写しが置かれている。

璽「八尺瓊勾玉《やさかにのまがたま》」鏡と同様に、天照大神が天岩屋に隠れたときにつくられたといわれる。御所「剣璽の間」に置かれている。

御璽

「天皇御璽」と刻された天皇の御印（詔書・法律・政令・条約の公布文、条約の批准書、大公使信任状・解任状、全権委任状、領事委任状、外国領事認可状、認証官の官記・免官の辞令などに押印される）。

国璽

「大日本国璽」と刻された国印（勲記《くんき》〈勲章に添えてあたえられる証書〉に押印される）。

ご結婚

皇室会議

皇太子をはじめ皇族方のご婚約は、皇室会議の議決により内定となる。皇室会議は皇室の重要事項を審議する最高機関で、皇族2人（平成23年現在、常陸宮《ひたちのみや》さまと同妃華子《はなこ》さま）、内閣総理大臣、衆・参両議院正・副議長、宮内庁長官、最高裁判所長官と最高裁判所判事の計10人で構成される。審議事項は、①皇位継承の順序変更 ②立后《りっこう》と皇族男子のご婚姻 ③皇族の身分の離脱 ④摂政《せっしょう》の設置・廃止 ⑤摂政の順序の変更がある。

納采《のうさい》の儀

正式に婚約が決まった後に行われる、一般でいう結納にあたる儀式。現・皇太子のときには、納采の御使《おんし》である東宮大夫《とうぐうだいぶ》が、服地5巻、清酒6本、鮮鯛1対（2匹）の「納采の品」を携えて、ご婚約者のご実家を訪問した。御使が「天皇皇后両陛下のおぼしめしを受け、皇太子徳仁親王《なるひとしんのう》殿下には、本日、小和田雅子《おわだまさこ》嬢に結婚の約をなすため、納采を行われます」と伝え、雅子さまは「つつしんでお受けいたします」と答えられた。皇太子時代の天皇皇后両陛下をはじめ、ほかの皇族方の場合も、戦後はほぼこのような形式で行われた。なお、服地は、皇后さまのときは洋服地、雅子さまのときには、紅葉山御養蚕所《もみじやまごようさんじょ》の繭《まゆ》でつくられた絹地であった。

内親王《ないしんのう》の納采の儀

内親王（皇女子）のご結婚では、新郎家の使者が皇居を訪問し、宮内庁長官に「結婚を約束します」という挨拶を述べ、納采の品々を納める。長官が天皇皇后に伝達し、承諾をいただいて使者に伝えると婚約が調《ととの》う。その後、新郎と両親が天皇皇后と内親王への挨拶のため、皇居に向かう。なお、紀宮《のりのみや》さま（黒田清子《くろださやこ》さん）の納采の儀のときの納采の品は、服地2巻、清酒3本、鮮鯛1対であった。

告期《こっき》の儀

結婚の儀の期日が定められたことを伝える儀式。皇太子のご結婚の場合は、勅使《ちょくし》である侍従長がご婚約者のご実家に伝える。ほかの皇族方のときも同様に御使が訪問するが、内親王の場合は、新郎の使者が皇居に赴き、宮内庁長官に伝える。長官は天皇皇后と内親王に報告し、天皇皇后が承諾されたことを使者に伝える。紀宮さまの告期の儀の使者は、納采の儀のときと同様、新郎の黒田慶樹《くろだよしき》さんの従兄が務めた。

結婚の儀

一般の神前結婚式にあたる「賢所大前《かしこどころおおまえ》の儀」が宮中三殿の賢所で「結婚の儀」として行われる。続いて、皇室行事として「皇霊殿神殿《こうれいでんしんでん》に謁《えっ》するの儀」が行われる。

皇統譜《こうとうふ》

天皇・皇族の身分に関する事項を登録するもの。いわゆる一般の戸籍にあたるもので、「大統譜《だいとうふ》」と「皇族譜」がある。それぞれ正副2冊あり、正本は宮内庁書陵部《しょりょう》に、副本は法務省で保管する。ご結婚の折など、必要に応じて登録や付記するときは、宮内庁長官と書陵部長が年月日とともに記入する。

大統譜《だいとうふ》

天皇・皇后・太《たい》皇太后（先々代の天皇の皇后）・皇太后（先帝の皇后）の身分に関する事項を登録するもの。天皇の記載事項は、御名、御父、御母、ご誕生の年月日時、及び場所、命名の年月日、践祚《せんそ》の年月日、元号及び改元の年月日、即位礼の年月日、大嘗祭《だいじょうさい》の年月日、成年式の年月日、大婚《たいこん》（ご結婚）の年月日及び皇后の御名、崩御《ほうぎょ》の年月日時及び場所、御追号《ごついごう》及び御追号勅定の年月日、大喪儀の年月日及び陵所《りょうしょ》及び陵名となっている。

皇族譜

天皇・皇后・太皇太后・皇太后以外の皇族の身分に関する事項を登録するもの。

大喪《たいそう》

崩御《ほうぎょ》

陛下の敬称を用いる方々、つまり、天皇・皇后・太皇太后・皇太后が逝去すること。

薨去《こうきょ》

天皇・皇后・太皇太后・皇太后以外の皇族方が逝去すること。

大行《たいこう》天皇

天皇崩御から元号などがつけられた「追号」が公示されるまでは、大行天皇と呼ばれる。「大行」とは、りっぱな行為、大仕事という意味。

追号《ついごう》

諡《おくりな》ともいう。天皇・皇后・太皇太后・皇太后が崩御した後におくられる呼び名。近代以降は、天皇は元号が追号とされている。

祗候《しこう》

一般でいう仮通夜。昭和天皇の大喪のときには、ご遺体がある皇居・吹上御所《ふきあげごしょ》で行われ、今上天皇をはじめ皇族や、侍従、側近が夜を徹して、交代でご遺体を見守った。

御舟入《おふねいり》

一般でいう納棺のこと。

殯宮《ひんきゅう》

一般の告別式にあたる「斂葬《れんそう》の儀」が執り行われるまでの間、ご遺体を安置する仮の御殿。昭和天皇のときは、宮殿・松の間につくられた。崩御後13日目に「殯宮移御《いぎょ》の儀」が行われ、それまで皇居・吹上御所内に仮安置されていた柩《ひつぎ》が殯宮に移された。外陣と呼ばれる部屋と内陣という小さな部屋がつくられ、柩は内陣内の御座《ぎょざ》（台）に安置された。

斂葬《れんそう》

一般の告別式にあたる皇室の儀式。「葬場殿《そうじょうでん》の儀」と「陵所《りょうしょ》の儀」を指す。国事行為である「大喪の礼」は含まれない。

葱華輦《そうかれん》

屋根に葱《ねぎ》の花の形の飾りを冠した輿《こし》。大喪では、柩を移し安置する。過去の大喪では、八瀬童子《やせのどうじ》と呼ばれる京都市八瀬地区の住民が担ぎ役となってきた。昭和天皇の大喪では、皇宮護衛官《こうぐうごえいかん》51人が担いだが、八瀬の住民6人も安置の際などに手伝った。

倚廬殿《いろでん》

天皇が喪中に籠る場所。天皇崩御の折、新天皇はその山陵の側に簡素な建物をつくり、13カ月間、籠ったという古例に由来する。昭和天皇の大喪では崩御55日目に今上天皇が宮殿で「倚廬殿の儀」に臨まれた。

宮中の祭事

大祭《たいさい》と小祭《しょうさい》

宮中三殿で行われる祭事は、大祭と小祭に分けられる。

大祭

元始祭《げんしさい》（1月3日）、昭和天皇祭《しょうわてんのうさい》（1月7日）、春季皇霊祭《こうれいさい》・神殿祭《しんでんさい》（春分の日）、神武天皇祭《じんむてんのうさい》（4月3日）、秋季皇霊祭・神殿祭（秋分の日）、神嘗祭《かんなめさい》（10月17日）、新嘗祭《にいなめさい》（11月23日）がある。今上天皇が祭典を執行し、御告文《おつげぶみ》を奏される。

小祭

歳旦祭《さいたんさい》（1月1日）、孝明天皇例祭《こうめいてんのうれいさい》（1月30日）、祈年《きねん》祭《さい》（2月17日）、明治天皇例祭《めいじてんのうれいさい》（7月30日）、賢所御神楽《かしこどころみかぐら》（12月中旬）、天長祭《てんちょうさい》（12月23日）、大正天皇例祭《たいしょうてんのうれいさい》（12月25日）と、歴代天皇の式年祭《しきねんさい》などがある。掌典長《しょうてんちょう》が祭典を執行し、今上天皇が拝礼される。皇后は、歳旦祭など一部の祭儀をのぞいて天皇に引き続きご拝礼になる。

毎朝御代拝《まいちょうごだいはい》

毎朝午前8時30分に当直の侍従が潔斎《けっさい》（身を清める）のうえ、賢所、皇霊殿、神殿を順次拝礼して、天皇に代わり、皇室、国家、国民の平安を祈る朝の行事。365日、欠かすことなく、天皇がご不在のときでも、執り行う。

旬祭《しゅんさい》

毎月の1日、11日、21日に三殿において行われる。「毎朝御代拝」を丁重にした祭典で、原則として1日は天皇が直衣《のうし》姿で三殿に拝礼し、11日、21日はご代拝がたてまえである。1月1日だけは「歳旦祭」と称して重んじられる。

節折《よおり》の儀

6月30日、12月31日に、天皇のために行われるお祓い《はらい》の行事。同日の皇族をはじめ国民のために行われるお祓いの行事は「大祓《おおはらい》」という。

礼装と儀服

礼装

戦後、国際慣習に倣《なら》い、燕尾服《えんびふく》、モーニングなどが、公式な天皇の礼装となった。皇太子や男性皇族もこれに準ずる。女性皇族の服装は、男性の燕尾服に相当する第一礼装がローブ・デコルテ（襟元が大きく開いたロングドレス）、通常礼服としては、ローブ・モンタント（襟元が詰まった長袖のロングドレス）、あるいは紋付きの和装をお召しになる。

天皇の儀服《ぎふく》

宮中での祭事や儀式のときには、天皇は古式に則《のっと》った衣冠束帯《いかんそくたい》などを儀服として着用される。大嘗祭《だいじょうさい》と新嘗祭のときだけに着用される白絹の「御祭服《おんさいふく》」、即位礼当日賢所大前《かしこどころおおまえ》の儀などに着用されるほぼ純白の「御《ご》束帯《そくたい》 帛御袍《はくのごほう》」、また、即位礼正殿の儀など宮中儀式に着用される「御束帯 黄櫨染御袍《こうろぜんのごほう》」が用いられる。そのほか、「御引直衣《おひきのうし》」「御直衣《おのうし》」「御小直衣《おこのうし》」がある。

皇后の儀服

皇后が着用するほぼ純白の「白色帛御五衣《はくしょくはくのおんいつつぎぬ》・御唐衣《おんからぎぬ》・御裳《おんも》」は、天皇の「御束帯 帛御袍」に相当する儀服で、即位礼当日賢所大前の儀に用いられる。いわゆる十二単と呼ばれる色鮮やかな「御五衣・御唐衣・御裳」は、即位礼正殿の儀や結婚の儀などでお召しになるご装束である。宮中三殿での大祭、小祭を通じてお召しになる「御五衣・御小袿《おんこうちき》・御長袴《おんながばかま》」もある。

また、祭儀に臨まれる際には、御所で潔斎された後、「御途中着《おんとちゅうぎ》」といわれる、御袿《おんうちき》、御袴《おんはかま》のお姿で宮中三殿に向かわれる。

皇太子の儀服

新嘗祭に着用する純白の儀服「斎服《さいふく》」、皇太子だけが着用できる「束帯 黄丹袍《おうにのほう》」は、即位の礼、立太子の礼、成年式、結婚の儀ほか宮中儀式などで身につけられる。ほかに「衣冠単《いかんひとえ》」「小直衣」がある。

男性皇族の儀服

「束帯」「衣冠単」「小直衣」を宮中儀式に着用される。

皇太子妃と女性皇族の儀服

即位の礼、結婚の儀、立太子の礼で着用される「五衣《いつつぎぬ》・唐衣《からぎぬ》・裳《も》」、即位の礼のほか祭儀に着用される「五衣・小袿《こうちき》・長袴《ながばかま》」、そのほか「小袿・長袴・五衣・唐衣」「袿袴《けいこ》」の4種類がある。皇后をはじめ女性皇族が儀服を身につけられるときは、髪は大垂髪《おおすべらかし》で「釵子《さいし》」などの髪上具《かみあげのぐ》と呼ばれる飾りをつける。

季節の行事

皇室は、一般家庭が大切に伝承している慣習もお子さま方に伝えることを心がけている。

お年日《としび》

昭和時代に盛んに行われた正月行事。現在は、天皇皇后両陛下とお子さま方のご家族のうち、正月三が日の干支《えと》と生まれ年の干支が同じ方に、両陛下から「お万那料《まなりょう》」が贈られる。お万那とは、お真魚《まな》の意味からお肴《さかな》料のことで、一般でいうお年玉のようなもの。お万那料をいただいた方は、当日の朝、両陛下に御礼の晒《さら》し飴《あめ》を献上なさる。

小正月《こしょうがつ》

年末の餅つきの折につくられた餅花（紅白にして小さく丸めた餅を木の枝につけたもの）は、元旦から1月15日前後の小正月まで御所の各所に飾られる。また小正月には、皇后さまが侍従職や皇宮警察の女性職員とご一緒に手芸をなさるのが恒例で、作品は秋の宮内庁職員組合文化祭に出品される。

季節の節句

桃の節句や端午《たんご》の節句など、季節の変わり目を祝う節句には、ご由緒品や各地のご縁を通じておもちになっている品々が御所の和室に飾られ、その部屋で節句の料理を召しあがる。七夕には、平安時代の宮廷文化に倣い、皇后さまが平成の初めに紅葉山御養蚕所の生糸と絹布を5色に染めさせられたものを、梶の葉を浮かべた角盥《つのだらい》、和楽器などとともにお飾りになっている。

冬至《とうじ》

一年で最も日照時間が短くなる冬至の日には、ご朝食に焼き小餅が1個ずつ出される。薄めに焼いた小餅に、やわらかい白味噌が添えてある。また、柚子湯にも入られる。

皇居と皇室の施設

都心のビル街を間近に、お濠《ほり》に囲まれた東西約1・5㎞、南北約2㎞の緑豊かな広大なエリアが、皇居である。よく知られているように、かつてここは江戸城であった。慶応3年（1867）に大政奉還《たいせいほうかん》があり、明治元年（1868）に京都御所から明治天皇が移られた。一度、京都に戻られ翌明治2年（1869）に再び移られて以降、天皇のお住まいとなり、諸行事、執務が行われている。

皇居東御苑《ひがしぎょえん》

江戸城の中枢といえる本丸御殿などがあった場所。今も櫓《やぐら》、天守台《てんしゅだい》、番所《ばんしょ》、砲台《ほうだい》跡、赤穂浪士《あこうろうし》討《うち》入りの発端となった刃傷事件の現場として知られる松の大廊下跡などが残る。自然豊かな花の名所でもある。

三の丸尚蔵館《さんのまるしょうぞうかん》

今上天皇と香淳《こうじゅん》皇后が、昭和天皇から相続した絵画・書・工芸品などの美術品類を国に寄贈されたのを機に、平成4年（1992）9月、皇居東御苑内に建設され、翌年11月3日に開館。現在約9500点の美術品類を収蔵、企画展にて一般に公開している。

桃《とう》華《か》楽《がく》堂《どう》

昭和41年（1966）2月、香淳皇后のご還暦を記念して皇居東御苑内に建てられた音楽堂。外観には、花びら形の屋根の下、8面の壁面に「日月星辰」「松竹梅」「楽の音」「雪月花」「鶴亀」「春夏秋冬」「風水火」「衣食住」を主題とする図柄が、陶片モザイクで表されている。内部ホールは160席。皇居には宮内庁楽部《がくぶ》庁舎内に雅楽《ががく》の舞台があるため、桃華楽堂は主に洋楽の演奏会が開催されている。内部の一般見学は不可。

生物学研究所

吹上御苑内にある、昭和3年（1928）に昭和天皇が生物学を研究されるために開設された建物。現在は、今上天皇が生物学のご研究の折に使われている。木造平屋建ての研究室、鉄筋コンクリート2階建ての標本室、渡り廊下でつながる木造平屋建ての附属室からなる。昭和天皇のご研究により数万点にのぼった標本は、現在、研究機関に寄贈されている。

紅葉山《もみじやま》御養蚕所《ごようさんじょ》

昭憲《しょうけん》皇太后（明治天皇の皇后）が、宮中での養蚕を復興して、大正3年（1914）に吹上御苑内の紅葉山に養蚕所が設置された。以後、貞明《ていめい》皇后、香淳皇后から皇后さまが宮中での養蚕を受け継がれている。1階は蚕《かいこ》の飼育室、2階は繭《まゆ》になる過程の蚕を育てる上蔟《じょうぞく》室。

宮内庁病院

天皇ご一家、皇族のご診療、また、宮内庁職員やその家族、関係者など一般の患者の診療を行う皇居内の病院。内科、外科、産婦人科、眼科、耳鼻咽喉科、歯科などがある。

御料牧場《ごりょうぼくじょう》

明治8年（1875）、現在の千葉県成田市に設置され、昭和44年（1969）、新東京国際空港（現・成田国際空港）建設のため、現在の栃木県に移転した皇室専用の牧場。広さ約252ha（東京ドーム約54個分）。皇室の行事で使われる馬車や乗馬用の馬の飼育・調教をはじめ、皇室の方々の日常の食事や、宮中晩餐・園遊会など公式行事の料理に使われる食材として家畜の飼養、農産物の生産を行っている。牛乳、バター、ヨーグルト、チーズなどの乳製品、羊、豚、鶏の食肉とハムやソーセージなどの肉加工品、卵、野菜などが生産されている。年1回、在日外交団を招待してもてなす国際親善の場にもなっている。

京都御所

京都市上京区京都御苑内にあり、京都御所、仙洞《せんとう》御所、大宮《おおみや》御所を含む一帯をさす。延暦13年（794）から明治2年（1869）まで天皇の住まいであった「内裏《だいり》」の形態を残す現在の建物は、安政2年（1855）に造営されたもの。春と秋に一般公開される。

紫宸殿《ししんでん》

京都御所の正殿で、明治天皇、大正天皇、昭和天皇の即位礼が行われた。檜皮葺《ひわだぶ》き屋根で木造高床《たかゆか》式の純和風宮殿建築。紫宸殿の母屋中央には、即位礼のときに天皇がおつきになる御座である高御座《たかみくら》と、皇后がおつきになる御帳台《みちょうだい》が置かれている。今上天皇の即位礼は、この高御座と御帳台を東京に搬送して、皇居の宮殿で行われた。

御常御殿《おつねごてん》

室町時代以降に天皇のお住まいとして設けられた。剣璽の間をはじめ、格式のある「上段の間」「中段の間」「下段の間」など大小15の部屋をもつ。

御花御殿《おはなごてん》

皇太子のための御殿で東宮《とうぐう》御殿ともいう。幼少時代の明治天皇が竹の絵に筆で葉を一枚描き添えた襖絵《ふすまえ》がある。

仙洞御所《せんとうごしょ》

17世紀の初め、後水尾《ごみずのお》天皇が上皇《じょうこう》となった際に造営された住まい。京都御所の東南に位置する。御殿は嘉永7年（1854）の火災で焼失したが、小堀遠州《こぼりえんしゅう》が作庭したといわれる庭園や茶室などが残っている。

桂離宮《かつらりきゅう》

17世紀の初めから中ごろまでに、八条宮《はちじょうのみや》（のちに桂宮）初代智仁《としひと》親王と二代智忠《としただ》親王によってつくられた別荘。明治16年（1883）、宮内省に移管され、「桂離宮」と改称した。京都市西京区に位置しており、桂川沿いで西は西山一帯を望み、北は嵐山に対する風光明媚。日本庭園として最高の名園といわれている。

修学院離宮《しゅがくいんりきゅう》

京都市左京区に位置する。17世紀中ごろ、後水尾上皇によって造営されたもの。明治17年（1884）に宮内省の所管となった。上、中、下の3つの離宮からなり、借景法を取り入れた日本有数の名庭園として知られる。

皇室の経済

皇室経済会議

内廷《ないてい》費・皇族費の定額の変更等、法律に定める皇室経済関係の重要事項について審議する。衆・参両院の議長・副議長、内閣総理大臣、財務大臣、宮内庁長官、会計検査院長の議員8人と予備議員8人で構成される。

皇室財産

日本国憲法第88条において、「すべて皇室財産は、国に属する。すべて皇室の費用は、予算に計上して国会の議決を経なければならない」と定められている。また、皇室経済法第3条で「予算に計上する皇室の費用は、これを内廷費、宮廷費及び皇族費とする」と示している。

内廷費

天皇・内廷にある皇族の日常の費用その他内廷諸費に充てるもので法律により定額が定められる。平成23年度は３億２４００万円。内廷費として支出されたものは、御手元金《おてもときん》となり、宮内庁の経理に属する公金ではない。

宮廷費

宮廷費は宮内庁が経理する公金である。儀式、国賓・公賓等の接待、行幸啓、皇族の外国ご訪問など皇室の公的ご活動等に必要な経費、皇室の用に供されている皇室用財産の管理に必要な経費、皇居等の施設整備などに充てられる経費。平成23年度は、56億８３７８万円。

皇族費

皇族としての品位保持の資に充てるためのもので、各宮家の皇族に対し、年額により支出される。皇族費を算出する基礎となる定額は法律により定められる。独立の生計を営む親王には、定額相当額の３０５０万円。その親王妃には2分の１相当額など。皇族費は、各皇族の御手元金となる。

御手元金《おてもときん》

皇室経済法の定めるところにより、宮内庁の経理に属する公金とされない金銭。

財産税と相続

戦後、ＧＨＱ（連合国軍総司令部）は、昭和天皇の37億１５６３万円の資産に33億４２６８万円の財産税を課したため、不動産や美術品などの資産のほとんどを手放して、物納という形で納税した。日本国憲法の規定に従って、ほぼすべてが没収となると、昭和天皇ご一家の手元に残ったのは１５００万円の現金と、衣服や装身具、調度品、書籍などの愛用品・日用品、三種の神器と宮中三殿だけであった。その後、昭和天皇の倹約のもと宮内庁職員は預金と金融運用に努めた結果、昭和天皇の遺産は約20億円となった。葬儀費用の一部や日本赤十字社への寄付5000万円などを差し引くと、残りは約18億6911万4000円で今上天皇と香淳皇后が相続された。香淳皇后は、配偶者控除により非課税であったが、今上天皇は推定4億2800万円の相続税を納められた。さらに、遺産相続後、今上天皇は長寿科学振興財団に5000万円、香淳皇后は、同財団のほか、結核予防会と母子愛育会にそれぞれ5000万円ずつ寄付されている。

平成の恒例行事

三大行幸啓

天皇皇后両陛下は、全国植樹祭・国民体育大会・全国豊かな海づくり大会にご出席のため、地方を訪問され、併せて地元の福祉・文化・産業施設などをお訪ねになって関係者をねぎらわれている。

全国植樹祭

昭和25年（1950）から毎年春、緑を増やし、守ろうと国土緑化推進機構が主催し、全国持ち回りで実施されてきた。天皇皇后両陛下がご臨席し、スコップを手にして苗木を植えられる。

国民体育大会

昭和22年（1947）秋、石川県で開催された第2回国体に出席された昭和天皇が、戦後の日本の復興にはスポーツの普及が一つの柱になるとのお考えから、翌年、日本体育協会に天皇杯と皇后杯を贈られた。昭和時代にはご臨席がない年もあったが、平成になってからは、毎年、天皇皇后両陛下が開会式に出席されている。

全国豊かな海づくり大会

水産資源の維持培養と海の自然環境保全の必要性を広く国民に訴えることを目的に、昭和56年（1981）、大分県で第1回が開催された際、皇太子同妃時代の天皇皇后両陛下がご臨席したのを始まりに、平成も引き続き、出席されている（昭和63年のみ紀宮さまがご出席）。

園遊会

毎年、春と秋の2回、天皇皇后両陛下が、赤坂御苑に衆・参両院の議長・副議長・議員、内閣総理大臣、国務大臣、最高裁判所長官・判事、その他の認証官など立法・行政・司法各機関の要人や都道府県の知事・議会議長、市町村の長・議会議長、各界功績者とそれぞれの配偶者約2000人をお招きになり、園遊会を開催されている。皇太子ご夫妻はじめ皇族方が出席されるほか、春の園遊会には、各国の外交使節団の長以下の外交官・各国の領事館の長とその配偶者・令嬢も招待される。園遊会は、明治13年（1880）に観菊会が開催され、翌明治14年（1881）4月には、観桜会が催されたことに由来する。当時は、諸外国との交流を深める意図から設定された。平成7年（1995）春は阪神・淡路大震災、平成23年（2011）春は東日本大震災の甚大な被害を配慮して中止されている。

全国戦没者追悼式

昭和38年（1963）から毎年8月15日の終戦記念日に政府主催で行われる。式場中央の前で、総理大臣の式辞があり、正午の時報で天皇皇后両陛下とともに全員で1分間の黙禱《もくとう》を捧げる。その後、天皇陛下のおことばがある。

国会開会式

昭和22年（1947）6月23日に行われた第1回開会式に昭和天皇が出席されて以来、今上天皇もおことばを述べられている。開会式は、参議院本会議場で行われ、議長席の後方には衆議院にはない天皇の御席がある。

日本学士院賞授賞式

明治44年（1911）に創設され、学術上特にすぐれた論文、著書その他の研究業績に対して授賞を行っている。天皇皇后両陛下は、院長の案内で学士院賞受賞者とお会いになり、それぞれの研究成果について説明を聞かれたのち、授賞式が行われる。恩賜賞として銀製花瓶が贈られる。

日本藝術院賞授賞式

昭和16年（1941）から戦中、戦後の一時期を除いて毎年、卓越した芸術作品と認められるものを制作した人及び芸術の進歩に貢献する顕著な業績があると認められた人に贈られる日本藝術院賞。毎年6月、天皇皇后両陛下は授賞式に出席され、学士院賞と同様に、恩賜賞として銀製花瓶が贈られる。

外国ご訪問

天皇皇后両陛下はじめ皇族方が公務で外国をご訪問になるときは、希望される国に行かれるのではない。原則的には訪問国からの要請があって、政府で閣議決定して決まるのである。天皇陛下や内廷皇族の方々がお出かけになれないところには、宮家の方々が出向かれる。たとえば平成17年（2005）、常陸宮ご夫妻は、中米でそれまで日本の皇族が未訪問だったニカラグアとエルサルバドルの2国に、皇族として初めて招待された。日本との外交関係樹立70周年を機に招待されたもので、両国の人々から熱烈な歓迎を受けられている。皇族方が外国訪問、殊に相手国の元首などに会う場合は、出発前には、先方に伝える天皇陛下のおことばをうかがい、帰国時には、訪問先の元首からのことばを天皇陛下にお伝えするため、皇居へ挨拶に出向かれる。

また、天皇皇后両陛下や皇族方は、外国にご出発される前・ご帰国後に宮中三殿あるいは賢所を参拝されるのが常である。弔問のご旅行などを除き、天皇皇后両陛下や皇太子ご夫妻は「賢所皇霊殿神殿に謁するの儀」を執り行われる。

皇室のパスポート

天皇皇后両陛下が外国ご訪問の際には、国賓としてお出かけになるのでパスポートもビザも必要がない。ただし、英文で書かれた名刺のようなものをおもちで、外国でご使用になる。白い厚手の紙で、名刺のサイズよりもやや大きく、上部中央に金色の菊の御紋章が付いている。

The Emperor of Japan
The Empress of Japan
The Emperor and Empress of Japan

と書かれた3種類がある。

皇族方は、パスポートとビザをおもちになる必要があるが、一般のものとは異なり、外交官や国会議員が公務の旅行をするときと同じ「外交旅券」である。1回使用のみで失効し、ご旅行のたびに、宮内庁長官の要請に基づき、外務省から交付される。

お召《めし》列車

天皇が地方にお出ましになるときに使用する特別列車は「お召列車」と呼ばれ、明治時代から全国巡幸に利用されてきた。明治9年（1876）に、日本で初めての天皇専用の車両「御料車《ごりょうしゃ》（初代第1号）」が製造された。戦前までは、天皇の行幸には、三種の神器のうち剣と璽を一緒に運ぶならわしがあり、天皇専用の御料車には、御剣璽奉安《ぎょけんじほうあん》棚、または、御剣璽奉安室（所）が設置されていた。昭和天皇は戦後、千葉に巡幸した際、お召列車に宿泊したこともあった。

天皇皇后両陛下は、新幹線や特急列車を一両貸切にして利用されることが多いが、平成19年（2007）には47年ぶりに新型特別車両が登場。両陛下専用ではなく、皇族方や国賓などの公務・行事での使用にも対応している。

宮内庁職員と内廷職員

オモテとオク

宮内庁は、内閣総理大臣の管理の下にあり、天皇皇后や皇族方のさまざまなご活動のお世話をする官庁。宮内庁内の部署は、仕事の内容により「オモテ（表）」と「オク（奥）」と称されることもある。「オモテ」は、事務方の長官官房《ちょうかんかんぼう》の部署を中心に構成され、秘書課、総務課、主計課《しゅけい》、用度課《ようど》などがある。一方、天皇皇后の側近である侍従職《じじゅう》や皇太子ご一家の側近である東《とう》宮《ぐう》職などは「オク」という。戦前と比べると、現在は「オモテ」と「オク」の境界が強く意識されることがなくなってきているといわれている。なお、宮内庁職員は特別職と一般職で構成される。

特別職

平成23年度52名。（1）国家公務員法で規定するもの。宮内庁長官、侍従長、東宮大夫《だいぶ》、式部《しきぶ》官長、侍従次長。（2）人事院規則で規定するもの。宮内庁長官秘書官、宮務主管、皇室医務主管、侍従、女官《にょかん》長、女官、侍医《じい》長、侍医、東宮侍従長、東宮侍従、東宮女官長、東宮女官、東宮侍医長、東宮侍医、宮務官、侍女《じじょ》長。

一般職

平成23年度971名。宮内庁次長以下の内閣府事務官、内閣府技官など。

侍従《じじゅう》と女官《にょかん》

天皇皇后の側近として仕えるとともに、御璽《ぎょじ》および国《こく》璽《じ》を保管する部署を侍従職という。侍従職は、侍従長の統括の下に、侍従次長、侍従、女官長、女官、侍医長、侍医などの職員で構成される。宮内庁組織令では、女官の仕事は皇后の側近に関することとされるが、実際には侍従と女官で厳密な線引きがされているわけではない。侍従には、外務省や総務省など中央官庁からの出向者もいる。祭事の折には平安朝の古式装束を着用し、宮中晩餐に出席するときは燕尾服やタキシードを着用しながら、側近として様々な業務を行う。

東宮職《とうぐうしょく》

東宮大夫の統括の下、東宮侍従長、東宮侍従、東宮女官長、東宮女官、東宮侍医長、東宮侍医などの職員で構成され、皇太子ご一家のお世話を担当する部署。

宮務課《きゅうむか》

各宮家に関する事務を担当する課。各宮家に一人ずつ配置された事務方の長を宮務官という。宮妃のお世話は、主に女性の特別職である侍女長が取り仕切る。

御用掛《ごようがかり》

宮内庁長官が任命する非常勤の国家公務員。専門的な知識や経験を生かして、皇室に奉仕する人で、定数はない。

内廷職員

天皇家直属の私的職員。給料は内廷費から支出される。宮中祭祀《さいし》をつかさどる掌典《しょうてん》職や生物学研究所の助手などがある。掌典職には、宮司にあたる掌典長の下、掌典次長、掌典、内掌典がいる。掌典は神職、内掌典は巫女《みこ》にあたる。

皇居勤労奉仕の手続要領

奉仕の参加資格 — 1 ご自分の健康に責任を持てる方。
2 奉仕に参加する期間中の年齢が、15歳から75歳までの方。

奉仕できる人数 — 1団体は、15人以上60人以内。

申請方法 — 1 奉仕を希望する月の6カ月前から受け付けている。また、受入れ人数に余裕がある場合は、奉仕期間の1カ月前まで随時受け付けているので、下記照会先まで問い合わせのこと。
2 7月、8月及び12月16日から翌年1月15日までは、受入れを行っていない。ただし、学生で構成された団体(引率の教職員等を含んでも可)に限り、これらの期間も受入れが検討されるので、希望する場合は下記照会先まで問い合わせのこと。
3 同時期に複数の団体からの申請が重なり、1日当たりの許容人数を超えた場合には抽選となる。

照会先 — 〒100-8111 東京都千代田区千代田1番1号
宮内庁長官官房総務課庶務第二係 電話03-3213-1111 内線3249

詳しくは宮内庁HP http://www.kunaicho.go.jp/event/kinrohoshi.html

天皇は、日本国憲法において、次のように規定されている。

日本国憲法

(昭和二十一年十一月三日憲法)

第一章　天皇

〔天皇の地位と主権在民〕

第一条　天皇は、日本国の象徴であり日本国民統合の象徴であつて、この地位は、主権の存する日本国民の総意に基く。

〔皇位の世襲〕

第二条　皇位は、世襲のものであつて、国会の議決した皇室典範の定めるところにより、これを継承する。

〔内閣の助言と承認及び責任〕

第三条　天皇の国事に関するすべての行為には、内閣の助言と承認を必要とし、内閣が、その責任を負う。

〔天皇の権能と権能行使の委任〕

第四条　天皇は、この憲法の定める国事に関する行為のみを行い、国政に関する権能を有しない。

二　天皇は、法律の定めるところにより、その国事に関する行為を委任することができる。

〔摂政〕

第五条　皇室典範の定めるところにより摂政を置くときは、摂政は、天皇の名でその国事に関する行為を行う。この場合には、前条第一項の規定を準用する。

〔天皇の任命行為〕

第六条　天皇は、国会の指名に基いて、内閣総理大臣を任命する。

二　天皇は、内閣の指名に基いて、最高裁判所の長たる裁判官を任命する。

〔天皇の国事行為〕

第七条　天皇は、内閣の助言と承認により、国民のために、左の国事に関する行為を行う。

一　憲法改正、法律、政令及び条約を公布すること。

二　国会を召集すること。

三　衆議院を解散すること。

四　国会議員の総選挙の施行を公示すること。

五　国務大臣及び法律の定めるその他の官吏の任免並びに全権委任状及び大使及び公使の信任状を認証すること。

六　大赦、特赦、減刑、刑の執行の免除及び復権を認証すること。

七　栄典を授与すること。

八　批准書及び法律の定めるその他の外交文書を認証すること。

九　外国の大使及び公使を接受すること。

十　儀式を行うこと。

〔財産授受の制限〕

第八条　皇室に財産を譲り渡し、又は皇室が、財産を譲り受け、若しくは賜与することは、国会の議決に基かなければならない。

皇室典範

「皇室典範」とは、皇位継承・皇族・摂政・皇室会議など、皇室に関する事項を規定している日本国憲法下の法律のひとつである。

昭和22年（1947）1月16日公布。昭和22年5月3日施行。
昭和24年（1949）5月31日改正。

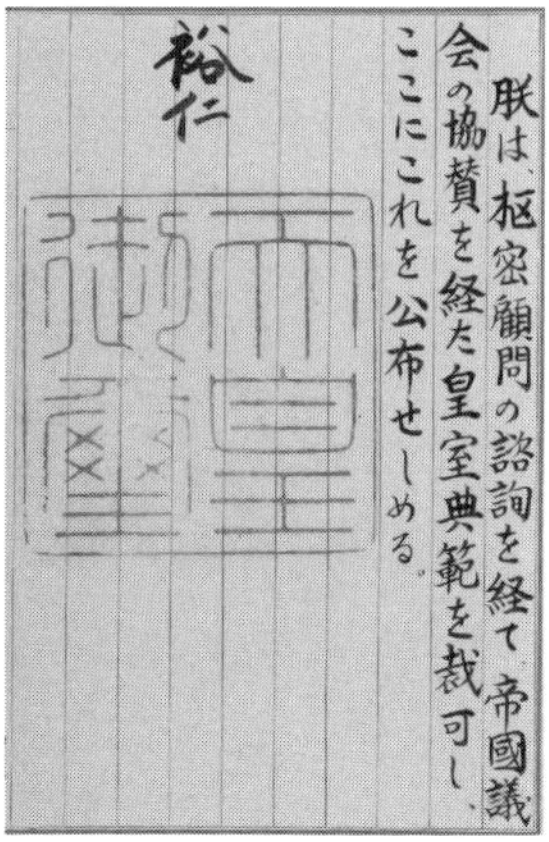

朕は、枢密顧問の諮詢を経て帝國議会の協賛を経た皇室典範を裁可し、ここにこれを公布せしめる。
裕仁

「皇室典範・御署名原本」国立公文書館所蔵

第一章　皇位継承

第一条
皇位は、皇統に属する男系の男子が、これを継承する。

第二条
皇位は、左の順序により、皇族に、これを伝える。

一　皇長子
二　皇長孫
三　その他の皇長子の子孫
四　皇次子及びその子孫
五　その他の皇子孫
六　皇兄弟及びその子孫
七　皇伯叔父及びその子孫

②前項各号の皇族がないときは、皇位は、それ以上で、最近親の系統の皇族に、これを伝える。

③前二項の場合においては、長系を先にし、同等内では、長を先にする。

第三条
皇嗣に、精神若しくは身体の不治の重患があり、又は重大な事故があるときは、皇室会議の議により、前条に定める順序に従つて、皇位継承の順序を変えることができる。

第四条
天皇が崩じたときは、皇嗣が、直ちに即位する。

第二章　皇族

第五条
皇后、太皇太后、皇太后、親王、親王妃、内親王、王、王妃及び女王を皇族とする。

第六条
嫡出の皇子及び嫡男系嫡出の皇孫は、男を親王、女を内親王とし、三世以下の嫡男系嫡出の子孫は、男を王、女を女王とする。

第七条
王が皇位を継承したときは、その兄弟姉妹たる王及び女王は、特にこれを親王及び内親王とする。

第八条
皇嗣たる皇子を皇太子という。皇太子のないときは、皇嗣たる皇孫を皇太孫という。

第九条
天皇及び皇族は、養子をすることができない。

第十条
立后及び皇族男子の婚姻は、皇室会議の議を経ることを要する。

第十一条
年齢十五年以上の内親王、王及び女王は、その意思に基き、皇室会議の議により、皇族の身分を離れる。
②親王（皇太子及び皇太孫を除く。）、内親王、王及び女王は、前項の場合の外、やむを得ない特別の事由があるときは、皇室会議の議により、皇族の身分を離れる。

第十二条
皇族女子は、天皇及び皇族以外の者と婚姻したときは、皇族の身分を離れる。

第十三条
皇族の身分を離れる親王又は王の妃並びに直系卑属及びその妃は、他の皇族と婚姻した女子及びその直系卑属を除き、同時に皇族の身分を離れる。但し、直系卑属及びその妃については、皇室会議の議により、皇族の身分を離れないものとすることができる。

第十四条
皇族以外の女子で親王妃又は王妃となつた者が、その夫を失つたときは、その意思により、皇族の身分を離れることができる。
②前項の者が、その夫を失つたときは、同項による場合の外、やむを得ない特別の事由があるときは、皇室会議の議により、皇族の身分を離れる。
③第一項の者は、離婚したときは、皇族の身分を離れる。
④第一項及び前項の規定は、前条の他の皇族と婚姻した女子に、これを準用する。

第十五条
皇族以外の者及びその子孫は、女子が皇后となる場合及び皇族男子と婚姻する場合を除いては、皇族となることがない。

第三章　摂政

第十六条
天皇が成年に達しないときは、摂政を置く。
②天皇が、精神若しくは身体の重患又は重大な事故により、国事に関する行為をみずからすることができないときは、皇室会議の議により、摂政を置く。

第十七条
摂政は、左の順序により、成年に達した皇族が、これに就任する。
一　皇太子又は皇太孫
二　親王及び王
三　皇后
四　皇太后
五　太皇太后
六　内親王及び女王
②前項第二号の場合においては、皇位継承の順序に従い、同項第六号の場合においては、皇位継承の順序に準ずる。

第十八条
摂政又は摂政となる順位にあたる者に、精神若しくは身体の重患があり、又は重大な事故があるときは、皇室会議の議により、前条に定める順序に従つて、摂政又は摂政となる順序を変えることができる。

第十九条
摂政となる順位にあたる者が、成年に達しないため、又は前条の故障があるために、他の皇族が、摂政となつたときは、先順位にあたつていた皇族が、成年に達し、又は故障がなくなつたときでも、皇太子又は皇太孫に対する場合を除いては、摂政の任を譲ることがない。

第二十条
第十六条第二項の故障がなくなつたときは、皇室会議の議により、摂政を廃する。

第二十一条
摂政は、その在任中、訴追されない。但し、これがため、訴追の権利は、害されない。

第四章 成年、敬称、即位の礼、大喪の礼、皇統譜及び陵墓

第二十二条
天皇、皇太子及び皇太孫の成年は、十八年とする。

第二十三条
天皇、皇后、太皇太后及び皇太后の敬称は、陛下とする。
②前項の皇族以外の皇族の敬称は、殿下とする。

第二十四条
皇位の継承があつたときは、即位の礼を行う。

第二十五条
天皇が崩じたときは、大喪の礼を行う。

第二十六条
天皇及び皇族の身分に関する事項は、これを皇統譜に登録する。

第二十七条
天皇、皇后、太皇太后及び皇太后を葬る所を陵、その他の皇族を葬る所を墓とし、陵及び墓に関する事項は、これを陵籍及び墓籍に登録する。

第五章 皇室会議

第二十八条
皇室会議は、議員十人でこれを組織する。
②議員は、皇族二人、衆議院及び参議院の議長及び副議長、内閣総理大臣、宮内庁の長並びに最高裁判所の長たる裁判官及びその他の裁判官一人を以て、これに充てる。
③議員となる皇族及び最高裁判所の長たる裁判官以外の裁判官は、各々成年に達した皇族又は最高裁判所の長たる裁判官以外の裁判官の互選による。

第二十九条
内閣総理大臣たる議員は、皇室会議の議長となる。

第三十条
皇室会議に、予備議員十人を置く。
②皇族及び最高裁判所の裁判官たる議員の予備議員については、第二十八条第三

項の規定を準用する。
③衆議院及び参議院の議長及び副議長たる議員の予備議員は、各々衆議院及び参議院の議員の互選による。
④前二項の予備議員の員数は、各々その議員の員数と同数とし、その職務を行う順序は、互選の際、これを定める。
⑤内閣総理大臣たる議員の予備議員は、内閣法の規定により臨時に内閣総理大臣の職務を行う者として指定された国務大臣を以て、これに充てる。
⑥宮内庁の長たる議員の予備議員は、内閣総理大臣の指定する宮内庁の官吏を以て、これに充てる。
⑦議員に事故のあるとき、又は議員が欠けたときは、その予備議員が、その職務を行う。

第三十一条
第二十八条及び前条において、衆議院の議長、副議長又は議員とあるのは、衆議院が解散されたときは、後任者の定まるまでは、各々解散の際衆議院の議長、副議長又は議員であつた者とする。

第三十二条
皇族及び最高裁判所の長たる裁判官以外の裁判官たる議員及び予備議員の任期は、四年とする。

第三十三条
皇室会議は、議長が、これを招集する。
②皇室会議は、第三条、第十六条第二項、第十八条及び第二十条の場合には、四人以上の議員の要求があるときは、これを招集することを要する。

第三十四条
皇室会議は、六人以上の議員の出席がなければ、議事を開き議決することができない。

第三十五条
皇室会議の議事は、第三条、第十六条第二項、第十八条及び第二十条の場合には、出席した議員の三分の二以上の多数でこれを決し、その他の場合には、過半数でこれを決する。
②前項後段の場合において、可否同数のときは、議長の決するところによる。

第三十六条
議員は、自分の利害に特別の関係のある議事には、参与することができない。

第三十七条
皇室会議は、この法律及び他の法律に基く権限のみを行う。

附則
①この法律は、日本国憲法施行の日から、これを施行する。
②現在の皇族は、この法律による皇族とし、第六条の規定の適用については、これを嫡男系嫡出の者とする。
③現在の陵及び墓は、これを第二十七条の陵及び墓とする。

附則（昭和二四年五月三一日法律第一三四号）抄
1この法律は、昭和二十四年六月一日から施行する。

※明治22年（1889）に制定された旧皇室典範は大日本帝国憲法（明治憲法）と並ぶ最高法典であったが、現行皇室典範は通常の法律のひとつである。※文字の表記は原文に準じる。

平成の皇室略系図

大正天皇【嘉仁《よしひと》】（明宮《はるのみや》）大正15・12・25崩御（47）
＝貞明《ていめい》皇后【節子《さだこ》】（九条《くじょう》）昭和26・5・17崩御（66）

昭和天皇【裕仁《ひろひと》】（迪宮《みちのみや》）昭和64・1・7崩御（87）
＝香淳《こうじゅん》皇后【良子《ながこ》】（久邇宮《くにのみや》）平成12・6・16崩御（97）

秩父宮家
雍仁《やすひと》親王（淳宮《あつのみや》）昭和28・1・4薨去（50）
＝同妃【勢津子《せつこ》】（松平《まつだいら》）平成7・8・25薨去（85）

高松宮家
宣仁《のぶひと》親王（光宮《てるのみや》）昭和62・2・3薨去（82）
＝同妃【喜久子《きくこ》】（徳川《とくがわ》）平成16・12・18薨去（92）

三笠宮家
崇仁《たかひと》親王（澄宮《すみのみや》）平成28・10・27薨去（100）
＝同妃【百合子《ゆりこ》】（高木《たかぎ》）大正12・6・4誕生

内廷
天皇陛下【明仁《あきひと》】（継宮《つぐのみや》）昭和8・12・23誕生
＝皇后陛下【美智子《みちこ》】（正田《しょうだ》）昭和9・10・20誕生

常陸宮家
正仁《まさひと》親王（義宮《よしのみや》）昭和10・11・28誕生
＝同妃【華子《はなこ》】（津軽《つがる》）昭和15・7・19誕生

寛仁親王家
寛仁《ともひと》親王 平成24・6・6薨去（66）
＝同妃【信子《のぶこ》】（麻生《あそう》）昭和30・4・9誕生

桂宮家
宜仁《よしひと》親王 平成26・6・8薨去（66）

高円宮家
憲仁《のりひと》親王 平成14・11・21薨去（47）
＝同妃【久子《ひさこ》】（鳥取《とっとり》）昭和28・7・10誕生

皇太子【徳仁《なるひと》】（浩宮《ひろのみや》）昭和35・2・23誕生
＝同妃【雅子《まさこ》】（小和田《おわだ》）昭和38・12・9誕生

愛子《あいこ》内親王（敬宮《としのみや》）平成13・12・1誕生

秋篠宮家
文仁《ふみひと》親王（礼宮《あやのみや》）昭和40・11・30誕生
＝同妃【紀子《きこ》】（川嶋《かわしま》）昭和41・9・11誕生

眞子《まこ》内親王 平成3・10・23誕生
佳子《かこ》内親王 平成6・12・29誕生
悠仁《ひさひと》親王 平成18・9・6誕生

清子《さやこ》内親王（紀宮《のりのみや》）昭和44・4・18誕生＝（黒田慶樹《くろだよしき》）

彬子《あきこ》女王 昭和56・12・20誕生
瑶子《ようこ》女王 昭和58・10・25誕生

承子《つぐこ》女王 昭和61・3・8誕生
典子《のりこ》女王 昭和63・7・22誕生＝（千家国麿《せんげくにまろ》）
絢子《あやこ》女王 平成2・9・15誕生＝（守谷慧《もりやけい》）

＊天皇皇后以外の皇族の敬称は「殿下」となる。また、お名前に続く（　）内は、天皇の直系の親王と内廷の内親王の場合はご称号を、親王妃の場合はご実家名を記す。

編集　「皇室の20世紀」編集部
協力者一覧　宮内庁　神社本庁　守屋弓男
所 功　鈴木博之　加瀬直弥　内藤陽介
公益財団法人 高松宮妃癌研究基金
仙石宗久（衣紋道髙倉流 有職文化研究所）
青梅きもの博物館

写真提供　宮内庁　日本雑誌協会代表取材
共同通信社　朝日新聞社　毎日新聞社
産経新聞社　和田久士　神宮司庁
石清水八幡宮　春日大社　岐阜市　JRA

イラスト・図版　水口アツコ　岩崎 隼　小川みどり（スキップ）

デザイン　野村高志＋KACHIDOKI
印刷設計　野口啓一（凸版印刷）
編集人　恩田裕子
取材・文　高橋亜弥子
校閲・校正　麦秋アートセンター
制作企画　坂野弘明
資材　森 雅彦
制作　望月公栄
宣伝　後藤昌弘
販売　岡本みどり

参考文献
宮内庁HP
『道　天皇陛下御即位十年記念記録集』（NHK出版）
『道　天皇陛下御即位二十年記念記録集』（NHK出版）
『歩み　皇后陛下お言葉集　改訂新版』（海竜社）
『御成婚50年・御即位20年記念特別展　両陛下——想い出と絆の品々Ⅱ』（宮内庁三の丸尚蔵館）
『慶びの小箱——ボンボニエールの意匠美』（宮内庁三の丸尚蔵館）
『新版　平成皇室事典』（主婦の友社）　『増補皇室事典』井原頼明（冨山房）
『天皇の「まつりごと」』所 功（NHK出版 生活人新書）　『天皇の人生儀礼』所 功（小学館文庫）
『宮中歳時記』入江相政 編（小学館文庫）　『悠仁さまへ』高清水有子（学習研究社）
『日本人なら知っておきたい「皇室」128のなぜ？』松崎敏彌（PHP文庫）
『宮中の食器』（毎日新聞社）　『騎馬打毬』（霞会館）　『蹴鞠』（霞会館・蹴鞠保存会）
『皇室の邸宅』鈴木博之監修（JTBパブリッシング）　『天皇陛下の全仕事』山本雅人（講談社現代新書）

表紙　平成御大礼絵巻　即位礼正殿の儀
守屋多々志　平成５年（1993）　紙本着色　（神社本庁所蔵）

守屋多々志画伯が神社本庁の依頼を受け、
平成の御大礼の盛儀を後世に伝えるべく、
大和絵の手法により描いた10景からなる日本画のなかの１景。

知られざる宮中行事と伝統文化が一目でわかる
図説　天皇家のしきたり案内

「皇室の20世紀」編集部 編

2011年12月12日　初版第1刷発行
2019年3月16日　　　　第2刷発行
発行人　　小川美奈子
発行所　　株式会社小学館
〒101-8001 東京都千代田区一ツ橋2-3-1
電話　編集 03-3230-5119　販売 03-5281-3555
印刷所　　凸版印刷株式会社
製本所　　牧製本印刷株式会社

 ISBN978-4-09-626318-1